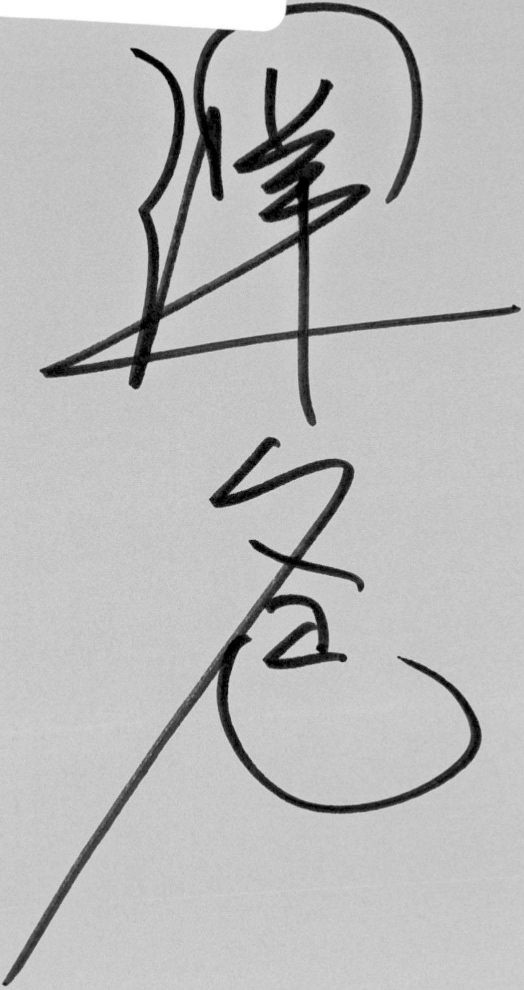

對話中讓孩子感受愛

連結孩子內心渴望，做個有溫度的父母

澤爸（魏瑋志）
——著

作者序

大概在四年前，老婆的妹妹與哥哥，同時喜迎新生兒的到來，全家充滿著喜悅。

當時，我看著嬰兒在哭泣時，周邊的大人急忙圍繞在他身旁，換尿布、哄睡、看看是不是餓了，或是哪裡不舒服。

這些舉動是發現嬰兒有了情緒，我們在探索他情緒背後的需求是什麼。因為，我們知道，只要嬰兒的需求被滿足了，通常哭聲也會開始緩和。

看到這樣的畫面，我突然聯想到，許多大人似乎總是對嬰兒寬容，卻對孩童嚴厲。嬰兒成為了大小孩，當他們哭了、生氣了或不耐煩了，我們似乎不再願意去探索其情緒背後的原因，反而是用「再哭試試看，回到家就沒有餅乾吃喔」、「這點小事就生氣，你真的很愛計較耶」、「你這是什麼態度，再說一次試試看」這類的話語，來壓抑情緒的繼續出現。

我們都忘了，嬰兒長大了，他依然是個孩子，要的是爸媽的耐心以對。

於是，我時常著提醒著自己，無論孩子幾歲了，每個情緒的背後，都有著需求的存在，而這個需求，從嬰兒階段的生理需求，升級成複雜的心理需求了。

這也讓我有了想要寫這本書的初心。

長大的孩子跟嬰兒一樣，都渴望內心的需求能夠被看見、被重視、被關心，以及被理解，然後，「愛的感受」便會浮現。

愛的感受

曾經有位爸爸來問我，「澤爸，你剛剛講的我都懂，我也想要給孩子愛，只是，除了帶他們出去玩、買東西給他們、給他們吃好吃的之外，我不知道還能做些什麼？」也有收到一位媽媽的私訊，問道：「我已經這麼辛苦地在照顧孩子的生活了，為什麼他卻還是會埋怨我不愛他呢？」我才知道，這是許多爸媽的疑惑，特別是孩子大了之後。

已經為孩子付出、奉獻與犧牲了所有，為何還會質疑爸媽對他的愛呢？

以前的我，也不是很明白，後來，在親職領域的學習路上，從阿德勒的「連結情感」與薩提爾的「連結渴望」，慢慢摸索出一些頭緒。也嘗試著從與老婆、孩子的對話中，說出有連結的表達。從我們的互動中，深刻地感受到彼此心與心的靠近，以及關係上的更加緊密，才恍然大悟，「愛的感受」不是靠認知產生的，而是發自內心的體驗。

認知，能讓孩子「知道」爸媽所做的舉動是愛他的，然而，倘若沒有「感受」，長大後對爸媽的懷念，是來自於「應該做的感恩」還是「發自內心的心甘情願」呢？

「愛的感受」是多元的、是個人的、是屬於情感上的流動，很難去定義。我喜歡用一段話來粗略地描述，「我能夠確定對方看到的是我的好。而且，在他的心中有一塊專屬於我的位置，不用刻意表現、努力討好，這個位置都是很穩固的。我能感受到他對我的到來是喜悅的、是珍惜的。只要有需要，他都會站在我這邊。跟他在一起，我是安心且自在的。」

邀請你們一起來回想，在自己的成長歷程之中，身旁有沒有人是符合上面的描述呢？如果有的話，相信是幸福的。

真心的希望在兒子跟女兒的心中，我是如此的存在，有真切地感受到，爸爸對他們的愛。

曾聽過一段話，「一個有被愛過的人，內心就會充滿著愛。因為明白什麼是愛，更有能力來愛自己與愛他人。」所以，能夠完成這本書，想要感謝我的爸媽、哥哥，以及在天上的奶奶——是你們，讓我明白什麼是無條件的愛，也有能力，把愛給傳遞下去。

某天與兒子、女兒在睡前聊天，講到一個話題時，我問他們兩句話：「你相信爸爸是愛你的嗎？」「你覺得在爸爸的心中，認為你是一個很棒的孩子嗎？」聽到他們快速且沒有遲疑的肯定回覆，著實感到相當欣慰。

爸爸的愛，他們有接收到。

書中所分享的，皆是我學習後的成果與心得，想要與你們分享。孩子是我們最愛的人，值得我們用更好的方式來對待。

促進親子情感的對話

人的心如同一座冰山，海平面上方的冰，只是行為的表象。我們要用平穩的姿態，挖掘出孩子內在水平面之下，支撐著這座冰山的原因與動機為何，然後，引導他說出想法。當我們明白後，再說出有溫度的表達，連結他內在渴望的需求。如此，行為就有可能產生質的改變。

所以，在閱讀此書時，建議可以搭配我的上一本著作《引導孩子說出內心話》一同參考。《引導孩子說出內心話》著重在探索與挖掘；《對話中讓孩子感受愛》則是著重在表達，兩本的相輔相成，相信會讓爸媽們有著不同的領悟與收穫，懂得在溝通上對孩子靈活運用，促進家中的良好情感氛圍。

願天下每個家庭的親子關係能更好。

謝謝老婆與我共同成長

書中有大量的對話，皆是在家中與講座中實際發生的。為何這些對話可以如此地詳細呢？這要歸功於我有書寫下來的習慣；如果覺得剛聽到的對話還不錯的話，我都會在手機的備忘錄上記下來，目的有二：一是留做參考，二是自我反思，看看往後是否能再做出更好的調整。

而這一切的源頭，要謝謝我的老婆，因為，老婆是我第一個練習對話的對象。還記得剛學習薩提爾時，如獲至寶，很想要在孩子身上重現美好的對話景象，只可惜，他們已經大了，特別是兒子，已經是小學高年級的年紀。對於我在說話上的改變，他感到奇怪與反彈，對話時，時常卡住或抗拒。正當我感到莫可奈何之際，老婆就成為了我詢問與練習的對象，沒想到，她一口就答應了。所以，我能夠出版這兩本與對話相關的書籍，老婆絕對有著一個非常重要的位置。

在育兒的路上，我和老婆有些地方的觀點不同、理念不同，在初期，也的確發生過數次的爭吵。不過，隨著這幾年的共同成長，我們契合的地方變多了，共識的角度也增加了，越來越知道要如何溝通來找到平衡。

如此夫妻齊心的感覺，真的很好。

如果說我一生最幸運的事情是什麼，我想，就是遇見了老婆——老婆，謝謝你。

CONTENTS 目次

第三章

連結關係

第四章

表達愛

第一章

家庭藍圖

親子之間最重要的是什麼

二〇二三年的年初，我受邀參加大愛電視台的人文講堂*，分享自身的人生課題。在想著要分享什麼內容時，想到了近年在演講之路上，常思考的一個問題：「親子之間最重要的是什麼？」

關於這個問題，每個人都會因為自己的生命歷程，而有著不同的答案。我之所以會有這樣的思考，來自於前來講座聆聽的家長們，無論家中的孩子是未成年、成年，甚至是超過三十歲的，通常都是帶著一份情緒來的。

這份情緒，可能是期待（能有收穫）、開心（找到方法）、困惑（教養觀點）。我也發現到，孩子已經是成人的爸媽，還會主動來聽講座，除了好學、為了孫子之外，很多是帶著後悔來的。

「我的孩子已經長大了，但我們的關係不好，現在還有機會修補嗎？」這是我聽過最揪心的詢問了。

這些爸媽在與成人孩子相處中，感受到彼此關係的疏離感與無力感；甚至有孩子的願望是「離爸媽越遠越好」。

而且，這些孩子已是成人、還願意來聽講座的爸媽，通常是曾經很認真、很用心地在教育孩子。

從這些爸媽的經驗裡，我看到：

把孩子栽培到功成名就，但是孩子長大後卻對爸媽不聞不問；對孩子嚴格管教，但孩子長大後看到爸媽的來電會焦慮不安；孩子整天窩在房間，跟爸媽彷彿是房東與房客般地疏遠；親子相處在一起，但卻無話可說。

無論在旁人的眼中，孩子被教得多好、多優秀，但如果親子的互動是這樣，這是我們想要的嗎？

於是，我明白了，**親子之間最重要的是「關係」**。

何謂親子關係？

想想我們與自己的爸爸跟媽媽的關係，或是身旁親朋好友與他們爸媽的關係，在關係光譜的兩端，一端是「關係緊密」，一端是「關係疏離」。

孩子剛出生時，是最貼近也是最依賴爸媽的時刻。隨著孩子每個階段的成長，他會朝著遠離爸媽的方向跨了好幾大步直到成人。不過，雖然在形體上，爸媽與孩子是分離了，但是心跟心之間，卻有著一條無形的線，如同放風箏一般，牽引著彼此。這條線，就是所謂的「親子關係」：這條線越細，表示關係疏離，有斷掉的可能性；這條線越粗，表示關係緊密，情感牢不可破。

關係緊密的親子，彼此的歸屬感有著很強的連結。歸屬感的定義，在胡展誥諮商心理師的著作《說不出口的，更需要被聽懂》中，描述得很到位：「知道在某個對象的心裡，有一塊專屬於你的空間。」

「你心中有我，我心中有你」，這是關係緊密的親子，不用說就能感受到的一句話。於是，當孩子長大成人後，無論他有多忙碌或是與爸媽分隔兩地，只要想到彼此，用一通電話、一個視訊、一句問候表達想念，是如此地自然且自在。

孩子與爸媽主動聯繫，不是因為缺錢，也不是有事相求；更不是因為對爸媽感到愧疚，或是不想被說成不孝順。沒有任何的目的性，只是，一個單純的思念。

這樣的關係是多麼地美好，不是嗎！

爸媽都希望當孩子長大成人後，親子之間的關係是靠向緊密的。只是，能夠建立緊密親子關係的黃金時光，是從孩子出生一直到他成人這段時間。所以，我常會自我反思著：**無論孩子幾歲、發生了什麼事，我要如何應對、溝通、教養或相處，在多年的累積之下，才會讓他在長大成人後，我們的親子關係是保持緊密的呢？**

親子關係的期中考與期末考

與伴侶結合，組成了一個家。家中有了小孩，小孩因為年幼，尚未具備自理的能力，凡事需要爸媽的照顧。孩子日漸長大，能力漸漸養成了，家長開始放手，讓孩子練習獨立。待孩子成年後，他在形式上要逐漸脫離這個家，也就是許多事情是不再依賴爸媽的。等到孩子找到伴侶或是搬離爸媽的家，形成屬於自己的家，此刻，與原生家庭的關係就是獨立卻又相互羈絆的兩個單位。

簡而言之，孩子最終要邁向獨立；而這個離開爸媽、獨立自主的過程，是需要爸媽協助的。

孩子成年後，親子關係的模式就大致固定了。孩子有了自己的生活圈、交友圈，也有了比爸媽更加親近的人出現。由於相處時間減少了、依賴度降低了，如果想改變彼此的關係，難度是高的。

所以，在孩子長大成人後與爸媽的相處與互動，可謂親子關係的「期末考」。而期末考的成績好壞，其實也是有跡可循的，可從孩子青春期時的「期中考」看到一些端倪。

青少年與爸媽聊天的內容與頻率、是否喜歡待在爸媽的身旁、學校的事情是否願意分享、全家一起互動的氛圍，皆為親子關係的指標。想要維繫親子關係，只要趁著孩子尚在依賴爸媽的年紀、還有與爸媽相處的時間，永遠都有機會往緊密的方向努力。

家庭的關係線

每一段關係，都是需要經營的。以養育一個孩子的家庭來看，基本上會有「爸爸—媽媽」、「媽媽—孩子」、「爸爸—孩子」，這三條看似獨立但又相互影響的關係線（當然，成員越多，像是兩個以上的孩子，關係線就更多了）。

把家中每個成員串聯在一起，就是「家」了。而要**把線給緊實地連結起來，靠的是表達愛的言語與行為。**

以理想的狀態來看，一個擁有良好氛圍的家庭，每一條關係線在表達與互動上都是很融洽的。只要有任何一條關係線是不好的，整個家庭的氛圍皆會受到影響，比如，夫妻關係會影響親子關係；父子關係也會影響到母子關係；在有兩個孩子以上的家庭，手足關係也會影響到夫妻關係。

而要讓自己與家中其他成員的相處是融洽的，我們就必須先把自己的內在狀態照顧好。因為，內在狀態不穩，情緒一上來，負向行為也容易跟著跑出來；這些都會是把對方推離、讓關係變疏離的因素之一。

本書後續的講述，會從點（個人），談到連結家中各個成員的線（關係），最後成為了面（家庭）。

讓我們從照顧自己開始，建立與家人的良好關係，感受對彼此的愛，創造更美好的家庭氛圍吧。

＊我在二〇二三年三月大愛人文講堂的分享，主題為「做個有溫度的父母」。
講座連結：https://youtu.be/S93Trxl1q0k

家庭裡的相互關係

在傳統的家庭觀念裡，強調「以夫為天」、「嫁雞隨雞、嫁狗隨狗」。爸爸是家中的支柱，媽媽與孩子皆似為附屬，繞其旋轉。在這樣的家庭圖裡，爸爸是家中絕對的核心、話語權的中心；媽媽與孩子在爸爸的身旁皆顯得渺小，甚至毫無存在感。

通常傳統家庭裡的爸爸，教養模式偏於權威，重視孩子的表現結果，不在乎過程，像是言行舉止、學業成績是否讓他有面子，而較缺乏與孩子內心的交流。於是，爸爸與孩子的關係多半是單薄與疏離的。

權威式的爸爸與媽媽相處，很容易如同上司與下屬；爸爸看到孩子的行為沒有達到自己的期望，進而數落媽媽沒把孩子教好，甚至在言語或行為上有明顯呈現高低位階的輕蔑感。媽媽內心有了焦慮與壓力，為了討好爸爸，反過來指責孩子——這就是前面所提，夫妻之間的關係會影響到親子關係的例證。

相較於威嚴的爸爸，孩子通常與媽媽的關係較為緊密，會講祕密、傾吐內心話；甚至媽媽還會替孩子隱瞞爸爸某些事情，或是與孩子私下一同抱怨爸爸，形成「同盟」。

一人為家庭的軸心

隨著時代的演進，男女平權的觀念逐漸普及，在大部分家庭裡，爸爸與媽媽的地位趨於平等，溝通上是平行的，不再是上對下了。

只是，女性身為孩子的主要照顧者，在責任加重的情況下，很容易把家中事務全攬在身上，把自己視為家中的軸心；特別是對於新生兒的照顧，會擔心先生無法做得跟她一樣好，無法放手。這樣的家庭，雖然爸媽的地位是均等的，但是家中角色的站位，是一家大小圍繞著媽媽，家事要靠她、孩子依賴她、先生需要她，連先生與孩子的溝通，也要由媽媽來協調。

在以媽媽為中心的家庭裡，媽媽或許能從中獲得成就感、價值感，以及被需要感，但是身心卻會感到疲累，偶爾還會有不斷為他人付出、卻少有回報的空虛感。

此外，爸爸與孩子的關係也是很微妙的。平時，爸爸和孩子可以一起玩耍、聊天、正常互動，但是當彼此發生衝突、需要深度溝通時，都需要仰賴媽媽居中協調。特別是青春期的孩子，獨自面對爸爸時只會讓爭執加劇或用冷戰處理，很難與爸爸有內心的對話也很難建立良好的親子關係。

在這樣的家庭關係裡，位於軸心的人，不一定是媽媽，有的家庭是爸爸。在我家發生過的衝突事件與溝通上，我也曾經處於這樣的位置。

由於我不喜歡家人之間有衝突，如果是與我有關的事件，大部分都能順利解決。但即便是與我無關的衝突，我也會涉入其中；老婆跟兒子、老婆與女兒、兒子跟女兒，每種組合我都在中間擔任和事佬，先跟一邊談話、再找另一邊談話，試著替對方講好話。他們的爭吵，彷彿成為我的責任。

雙方和好了，大家開心，因為他們都是我最愛的家人；假如持續爭吵，反倒公親變事主——老婆責怪我只替孩子說話，孩子覺得我不懂他們，弄得我自己沮喪不已。後來我才明白，這其實是界線不清所產生的結果。

我曾讀過一本教養書，上面說道：「**關係是屬於兩個人自己的，第三人的介入，反倒讓原本關係中的兩人，缺少拉近彼此的練習機會。**」看到這段，我恍然大悟：關係是屬於他們的，我再怎麼愛他們，也需要當事人有意願去溝通、和解或建立連結。

此後，當家人之間有爭執了，現在的我會做的是傾聽與理解，擔任他們的聆聽者。最多，點出另一方在意的癥結點和未被滿足的需求，以及情緒背後的良善動機。然後，釋出「我願意協助」的善意，「如果你不知道該怎麼跟媽媽說，我可以陪你一起去。」

是否要去溝通，由當事人決定。我應該當一個溝通的即時翻譯機，而不是求和的傳聲筒；這是愛自己的表現，也是愛家人的展現。

當抽離「凡事都要靠我來溝通」的窘境，做好課題分離、劃清界線，不把家人們的爭執變成我的責任，我才真正鬆一口氣。而家人們能在衝突事件中，擁有練習表達情緒和想法的機會。由他們自己拉近彼此的關係，這條關係線才是真實的。

家庭裡的關係平衡

家庭中，各個成員間的關係，最好是能夠相互單獨建立。爸爸與媽媽、爸爸與孩子、媽媽與孩子，無須依賴他人才能有良好的互動。

媽媽和孩子在放學路上邊走邊聊天；爸爸在假日時帶孩子外出打球；夫妻在孩子睡著後擁有聊天的時光。只要每條關係線的相處都是很愉快、很舒服的，換成是全家人聚在一起的時刻，更能在溝通上與互動上，感受到幸福。

在這樣的家庭圖中，爸爸、媽媽與孩子是平衡地位於家中三個點，形成一個正三角形，沒有誰比較凸顯，沒有誰位於軸心，每個成員皆是重要的，每條關係線都是很緊密的存在。也因為有這樣的平衡，家庭裡的每個人才可以活出自己。

我們活著的目的，是要追尋自己生命的意義與價值。家庭氛圍與家人關係

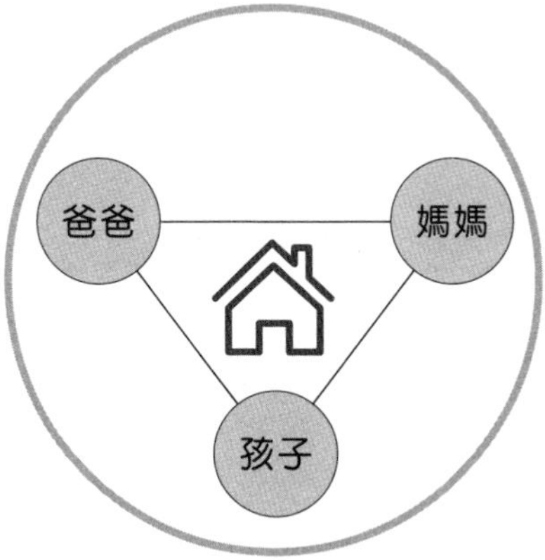

家庭關係平衡的概念圖

固然重要，但是，個人的價值是不能夠依附在他人的成就與價值上的。比如，太太的存在是成就先生的事業；孩子一定要繼承爸爸的衣缽；孩子的表現是媽媽的成績單。

當孩子年幼時，需要爸媽花時間照顧；然而，隨著孩子的年紀漸增，上了小學之後，他對爸媽的依賴度降低，爸媽也要把時間跟重心放回自己的身上。不然，等孩子離巢後，空巢期的爸媽會失去方向和意義感。

以我的老婆為例，從兒子出生後就離開職場，擔任起全職媽媽的角色。後來又生了女兒，等到女兒也上小學後，老婆的空檔變多了，我便鼓勵她，可以思考回歸職場，或是尋找自己的興趣。

老婆在一番找尋下，重拾畫筆，接連上了好幾年的畫畫課，也成為學校志工，從事自己有興趣的活動；在畫畫與志工服務上，獲得了自己的價值感與被認同感。看到老婆發光發熱，我也替她感到開心。

我與老婆有順暢的溝通，能相互配合，再加上我們各自與孩子的關係都是良好的，誰來處理孩子的事情都可以。於是，老婆更有空餘的時間與心力去成就自己。

先生成就太太，太太成就先生，爸媽一同成就孩子，形成了一幅最美的家庭藍圖。

孩子的獨立發展

如同前面所說的，「孩子最終要邁向獨立」，所以，在關係平衡的家庭藍圖裡，孩子會逐漸往脫離這個家的方向前進。

當孩子走在獨立自主的道路上時，爸媽的位置不是阻擋在他的前面，也不是站在旁邊攜手前進，畢竟，這是他自己要去面對的未來。爸媽要站在其身後，給予無條件的愛、支持與協助，強大孩子的內在能量。（這部分的細節，後面的篇章會提到。）

爸爸與媽媽是以平等姿態站在一起，劃出一致的教養規範，在孩子長大成人前，建構好一個提供安全感的堡壘，培養其獨立的能力；等孩子成年之後，成為他永遠都能安心回來的港灣。同時，當夫妻間因教養議題而有異議時，彼此可以有著良好的溝通模式，討論出共識。

而孩子獨立之後，因為其內在的能量是充沛的，即使站在安全堡壘之外、面對外面的世界，也會是個能夠自主且不易受到他人影響的個體，同時有能力

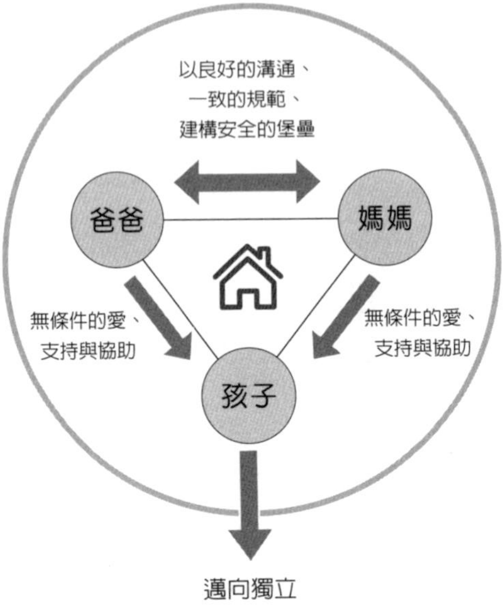

關係平衡的家庭，協助孩子邁向獨立

與他人建立連結，形成有歸屬感的群體。

最後，孩子將組成屬於自己的家，與自己的家人建立良好的關係，形成正向循環。

同盟關係

前面有提及，在傳統家庭裡，因為爸爸是權威的，媽媽與孩子的關係較為親密，於是形成了「同盟關係」。

在幼兒教育學系教授邱淑惠博士的著作《修復關係，成為更好的自己》中，說明「三人關係當中，因親疏遠近不同，其中兩人可能較親近，另一人相對疏遠。『同盟』是較親近的兩人形成心理與情緒的連結與支持，同盟外的人感覺自己像局外人被邊緣化。」（想更了解「同盟關係」，可參考 Murray Bowen 醫師的「家庭系統理論」及相關書籍。）

有位權威型的爸爸，下班工作回家，看到餐桌上的老婆與孩子已經吃飽，正在開心聊天。孩子看到爸爸回來，便準備起身要回房間，於是爸爸突然大發雷霆，因為他覺得自己辛苦賺錢養家，卻只能吃剩菜剩飯，孩子又與他疏離，他感受不到家的溫暖。於是，爸爸硬性規定，往後都要等到他回家了才可以開飯。這應該是在情感上，被邊緣化的孤獨感所衍生的情緒吧。

有位媽媽，在家扮演黑臉的角色，嚴格要求兒子的一切，弄到自己很緊繃，親子互動也是緊張的。爸爸的工作忙碌，希望回到家能放鬆地陪兒子玩，扮演白臉；只要是媽媽不允許的，爸爸都說可以。不過，當真正遇到教養問題時，爸爸就把孩子丟給媽媽，撒手不管，導致媽媽在管教時，兒子會大喊：「我要爸爸，不要媽媽。媽媽最凶了，爸爸對我最好。」有次，媽媽看到爸爸在跟兒子玩的景象，整個悲從中來，止不住的淚水瞬間潰堤，這也是局外人的孤單與委屈感。

在健康的家庭裡，每條關係線皆是單獨建立的，要提醒自己，盡量避免同盟的形成。除了關注自己外，一定要挪出空檔，把握與家中其他成員交流的機會，建立起專屬於彼此的關係。

如果家中有兩個以上的孩子，可以試著安排與每個孩子的獨享時刻，建立專屬感。有一位有三個孩子的媽媽，在睡前會分別到每個孩子的房間，一起聊個幾分鐘、說當天孩子的優點、睡前擁抱，藉此創造連結。如此，也能減少孩子心中「偏心」與「不公平」的感受。

我們都希望自己是家庭裡的一份子，不想成為局外人；希望擁有良好的家庭氛圍，就需要花心力與時間，好好地來經營家庭中的每一段關係。

每個人皆為獨立的個體

在演講時，我常用一個例子來詢問學員們的想法：帶孩子到外面，突然氣溫驟降，看到孩子只穿著一件薄上衣，把他叫了過來，說：「來，天氣變冷了，把外套穿上。」此時，孩子說：「不要穿，我不冷。」

問題來了：爸媽是否需要要求孩子一定要穿上外套呢？

通常爸媽對於回應孩子的想法，很容易陷入「可以」或「不可以」這兩個極端的選項。其實，爸媽可以先嘗試跳出框架，思考一下當下這個狀況的「變因」有什麼。例如，孩子幾歲？自我認識的能力如何？當下有情緒嗎？身體狀況是健康的嗎？以及，最重要的因素：這件事情是屬於孩子的事，還是爸媽的事呢？

「這件事情是屬於他的事，還是我的事？」就是所謂的「界線」。

何謂「界線」？

人與人之間，都應該有著界線的存在；無論是朋友、鄰居，甚至陌生人都有，當然，家人之間也會有。

以實體的界線來舉例。我們與鄰居家之間有圍牆，鄰居不能任意跨進我們的庭院，我們也不會特意踏進鄰居的家園。假使我在沒有經過允許的情況下進到鄰居家的範圍，他會不高興；他沒經過允許就進到我家，我會生氣；**界線，就是保護自己不受到侵犯的邊界。**

關於界線的存在，有個很重要的概念，就是「尊重」——如果要在彼此的界線內有交流，一定是要經過允許的。

至於，人與人之間那條看不到的界線，我們可以從家庭藍圖的概念中，想像一下：每個人的外圍，都有一圈環繞著自己的線，理想上應該被尊重，但實際上卻會牽引著家人彼此的心情與互動。

這條界線的定義，又可以細分為「事情」、「觀點」與「情緒／感受」。

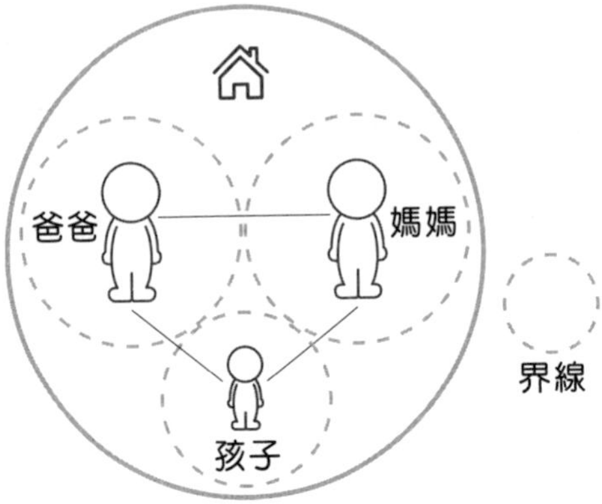

家庭中的個人界線圖

事情的界線

夫妻之間關於事情的界線，還算是單純，例如，這是我的東西、空間、事業、我方家人的事，或是討論好是誰要負責的家事。通常在家庭裡，比較模糊不清的界線是在親子間。

孩子跟爸媽一樣，都是獨立的個體；但在孩子尚未成熟之前，需要爸媽的引導與教導。

當孩子還小，凡事都倚賴爸媽替他做；隨著他的成長再加上爸媽的教導，慢慢地，他學會了、有能力負責了，爸媽再把屬於孩子的事讓他自己處理。最終目標，是孩子到了某階段獨立之後，就無須依賴爸媽了。

而事情界線會模糊不清的原因，往往就在於，爸媽總覺得孩子無法為自己負責。這份擔心、焦慮與不放心，從出生替孩子換尿布、餵飯時就開始產生——爸媽一邊有了被需要感及依賴感，一邊覺得只要沒有爸媽的提醒與幫助，孩子就一定會犯錯；沒有爸媽的幫忙，孩子就什麼都不會了；沒有爸媽的督促，孩子就會放棄。

爸媽容易忘記，總有一天，孩子遇到的所有事是需要他自己判斷、面對與承擔的。而且，這一切的過程，都是需要經由失敗來嘗試與練習的。因此，在孩子可承受的範圍內，允許他失敗，是邁向獨立時很重要的經歷。

其實，不是孩子不能做，而是爸媽放不下。

爸媽要介入的事

在我的著作《讓孩子在情緒裡學會愛》裡有說明，**爸媽對於孩子的行為，需要明確介入的狀況有二：**

一、孩子的行為，與自身的健康、安全相關，以及與他人的安全相關。

二、孩子的行為，影響到爸媽與他人的生活與權益。

只要孩子的行為有碰到上述兩點，就是屬於爸媽要介入教導的事，比如：過度使用 3C 產品（自身的健康）、霸占公園的設施（他人的權益）等。這兩點以外的，就是屬於孩子的事情了，比如：忘記帶東西到學校、在限定的金額內選擇自己的禮物等。

這一層的思考，也是先前所提到，當遇到孩子與爸媽的意見不同時，爸媽要先釐清的「變因」。

而這個變因，有可能在同一件事情上是隨時變動的。比方說，寫功課是孩子的事情，要如何安排與規畫，是他要去思考的；爸媽當然可以叮嚀與提醒，但只要孩子的行為沒有碰到界線，都應該要放手讓他決定與負責。不過，假使孩子因為不想寫而一再拖延，超過上床時間，由於延誤睡眠會影響健康，就是碰到界線了，此時，寫功課就變成是爸媽要介入引導且共同討論的事了。

倘若爸媽總是介入屬於孩子的事，孩子很難學會為自己負責；長期習慣聽爸媽的或他人的指令，孩子將缺乏自主思考與承擔責任的能力。

倘若屬於爸媽應該介入的事，爸媽卻放任不管，則孩子容易衝動，或凡事只想到自己與當下，很難去同理他人與聯想到後果。

親子之間，在「事情的界線」上要是清楚的：屬於孩子的事，放手讓他嘗試與練習，他就會慢慢知道往後該怎麼做才是對的；屬於爸媽要介入的事，透過爸媽的引導與教導，加上孩子的自律能力日漸增加，再逐步把決定權交給他。經由這個過程，孩子進而邁向獨立，成為一個真正能夠為自己與為他人負責的人。

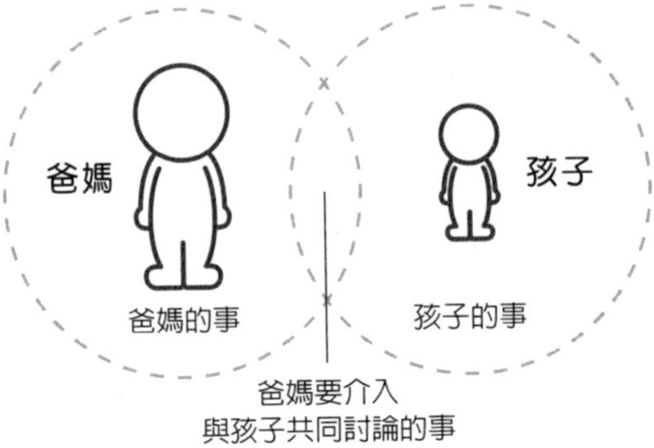

孩子獨立前，爸媽與孩子的關係界線圖

屬於爸媽自己的事

在育兒的過程中，如果這件事情是屬於爸媽兩人的事，不屬於孩子的，就應該立下明確的界線，讓事情停留在夫妻之間就好，不要波及到孩子。比方說，孩子哭泣了，在沒有時間壓力、沒有傷害或影響他人的情況下，讓孩子盡情地哭就好，情緒緩和了就沒事了。

倘若此時，爸爸在一旁說：「你是怎麼當媽媽的？放任孩子隨便亂哭鬧。」媽媽被先生指責了，心情受到影響，因此大罵孩子，覺得是因為他的哭而讓自己被先生罵。如此，就是把爸媽之間的事，跨過界線，遷怒到孩子了。

界線明確的爸媽，懂得把伴侶的指責停留在自己身上，不波及孩子；待當下孩子的狀況處理好後，再找機會與伴侶進行溝通。

觀點的界線

一個四歲的孩子，吃飯時在位置上動來動去，導致跌到椅子下、哭了。媽媽想上前安慰，但是爸爸卻阻止了媽媽，說：「不准去安慰，誰叫他自己不聽話。就說過要好好坐著，活該！讓他哭完了再自己坐上來。」於是，媽媽停下了腳步。

從描述中得知，爸爸與媽媽的觀點是不同的：媽媽覺得安慰孩子一下無妨，但是爸爸卻覺得不需要。當兩人的觀點有衝突時，看似是媽媽妥協了，遵循爸爸的意見，但是，媽媽的妥協是願意的，還是不情願的呢？如果是不情願的話，她能夠在先生面前表達自己的觀點嗎？鼓起勇氣表達了，先生是能夠聆聽與討論的嗎？

觀點，是人類有別於其他動物最難能可貴的特質之一。每個人的觀點，只要是不會傷害到人、沒有觸犯律法，基本上沒有絕對的對與錯，都是需要被尊重的。

一個人的觀點能夠被表達、被接納並且被執行，就表示這個人能為自己或他人做出貢獻，進而能擁有成就感與自我價值感。反之，假使提出了觀點卻常被批評或被忽視，內在有了沮喪——「反正我講了也沒用」、「我的意見就是沒人會聽」、「我的想法不重要」這類的自我批判越來越多——漸漸地會失去成就感，自我價值感也跟著低落。自此之後，所有的觀點只會浮現在腦中，卻很難說出口，形成壓抑。

觀點被否定了

假使是自己的觀點被對方否定了，像那位被先生阻止的媽媽，內心是不情願的，該怎麼表達呢？

「老公，你要孩子自己站起來，我尊重你的想法。可是，我看到孩子跌倒了、哭了，很心疼，我想要去安慰他，也希望你可以尊重我。我去抱他，不是在反對你，只是想讓孩子知道我對他的關心。如果你是介意的，我們可以晚上再好好談一談，好嗎？」

關係的和諧，不是建構在觀點被壓抑下的妥協，而是對彼此觀點的尊重、理解與接納。

接納他人觀點

一個有觀點的人，但總是不表達、很難下決定或總是要他人替自己決定，可能是因為他的身旁有著強勢、不接納他的觀點的人——這個人可能是爸媽，也有可能是伴侶。

面對爸媽、伴侶、孩子的觀點，都要練習不評判、不指責、不說教、不否定，而是要聽進對方的意見，多回應、多好奇、多提問。

特別是爸媽可以藉由好奇以及提問，從孩子講出口的初始觀點，不斷挖掘其內心真正的想法，找到其動機。在我的著作《引導孩子說出內心話》有寫到：「好奇的客觀提問，是想了解孩子經過了哪些歷程而成為現在的他，以及他將如何應對未來的相同事件。」

而要能夠接納他人觀點，就要用更寬大的心去嘗試理解對方的過去、現在與未來。

比如說，聽到孩子說「我不要」、「我不想」、「我不喜歡」，要怎麼回應，才會讓孩子感受到爸媽理解他所表達出來的觀點呢？

「沒有不要，就是要」、「我才不管你想不想勒」、「我知道你不喜歡啊，但是不試試看你怎麼知道呢？」試問，這樣的回應算是理解孩子嗎？

「你可以跟媽媽說，是什麼原因不要嗎」、「發生了什麼事，讓你不想呢」、「如果你真的不喜歡，沒關係，我想要先聽聽你不喜歡的理由是什麼？」如此的回應，相信會開啟更多對話的可能性。

先傾聽對方的觀點並嘗試理解，再以客觀的事實陳述自己的觀點，讓對方理解。在彼此理解之下，討論看看是否有雙方皆能接受的辦法，這樣就會是良好的溝通了。

接納對方的觀點，不是放任不管；只要是爸媽應該要介入的事情，依然要做到引導與教導。提醒自己，**「溝通是在分享彼此觀點的過程中，嘗試理解對方與找尋共識。」**

情緒／感受的界線

「我不餓」、「我不舒服」、「我好痛」是屬於感受上的表達，「我好難過」、「我很生氣」、「我覺得很煩」則是屬於情緒上的表達，在本書多以「情緒」來做統稱。

當內心有了情緒，接著能夠如實完整地陳述出來，是需要練習的。在表達能力尚未成熟時，往往會用原始的本能來發洩，像是哭鬧、流淚、大吼、不耐煩等；行為上的釋放，也是情緒表達的一種。

情緒與感受是個人的，他人本來就不應該做出評斷。只是，親子之間的關係緊密、互相牽扯，當爸媽看到孩子的情緒行為，自己的內在跟著不穩定，就容易用原生家庭帶來的慣性來應對：「再哭就打下去囉」、「沒什麼好生氣的啦」、「敢給我不耐煩試試看，你這是什麼態度啊」。

這些舉動皆是侵犯了孩子情緒的界線。

個人的情緒界線被侵犯，大致是：

無論自己在當下是否有情緒，因為他人的言語或行為而感到不舒服，湧出更多的負面情緒。

所謂的負面情緒，像是，當聽到「這有什麼好難過的啦」的委屈、「你真的很不努力」的沮喪、「你給我滾出去」的憤怒、「我為了你付出這麼多，你怎麼可以這樣對我」的愧疚等。

情緒像是一個人的警示訊號燈，一旦界線被侵入了，情緒經常會第一個跳出來反應。

通常，越是年幼的孩子，界線被踏入的情緒反應會更加劇烈。如果此時大人沒有意識到，反而用更高壓的姿態來試圖壓制，漸漸地，孩子就會產生「我的情緒不重要」、「我的感受是可以被忽略」的自我否定；「有負面情緒很糟糕」、「我不可以哭，哭很沒用」的自我壓抑。

無論是否定還是壓抑，對孩子而言皆是傷害。孩子的內心受傷了，就會想保護自己，等到長大成人了，多半會再以相同的方式來做應對，因為孩子未曾體驗與學習過好的表達方式。

另外，長期處於弱勢的角色、自覺無能為力去對抗、必須要討好權威者才能生存的孩子，也可能長出「滿足他人感受，比自己的感受重要」的自我貶低感，然後，這些年幼時的姿態會在長大後，成為應對他人的內建功能。

情緒界線的模糊不清

有位媽媽在演講後問我，她有兩個女兒，分別是五歲跟八歲。兩人常常會說「不公平，媽媽都不愛我」。特別是妹妹，當她看到媽媽在陪姊姊寫功課的時候，還會強硬地要求媽媽不准陪姊姊，硬是把媽媽拉走。媽媽不知道該怎麼辦。

「在這個當下，你最想要做的是什麼呢？」我詢問她的觀點。

「我想陪姊姊寫功課。」媽媽回。

「你有跟妹妹說嗎？」（表達自己的觀點）

「有啊，我說了。」

「然後呢？」

「但是，妹妹就一直盧我，把我環抱住，不斷講話，打擾姊姊。」

「如果你是想陪姊姊的，那就好好地跟妹妹明確表達，要求她不可以這樣。也可以邀請妹妹，一起想想有什麼辦法，讓你既能抱著妹妹，但又可以陪姊姊。」（堅定自己觀點的界線）

「我有啊，但是妹妹就是不要。」

「如果已經跟妹妹說清楚你的想法，也有盡力討論了，但妹妹還是不接受，那就拒絕她吧！」（捍衛自己觀點的界線）

「是喔，可是，她會難過耶。」這位媽媽一副不太情願的模樣。

我聽到這句話，看到她的神情，突然有了好奇。

「媽媽，你覺得妹妹的難過是什麼？」

「應該是失望吧！」
「你允許自己讓孩子失望嗎？」
「嗯……我不想。」
「你想要陪姊姊，但是，妹妹一直在打擾你們，你會有情緒嗎？」
「有啊，是有些生氣的。」
「你的生氣是什麼呢？」
「生氣她怎麼不懂得體諒媽媽。」
「既然你也有情緒，怎麼卻還是不願意拒絕孩子呢？」（維護情緒的界線）
「嗯……不知道。」她想了許久，還是搖搖頭。
「媽媽，當孩子因為你的拒絕而失望了，你是怎麼看待自己的呢？」
「我會覺得自己是個很糟糕的媽媽。」

詳談之下，才發現這位媽媽在有明確的觀點與情緒之下，面對孩子的討愛，卻不忍拒絕，是因為她不想讓孩子失望。當孩子失望了，她會覺得自己是糟糕的，擔心孩子會討厭她、擔心親子關係會被破壞。於是，對於孩子的需求，總是想盡力地去滿足與討好，而忽略了自己。

打造孩子堅固的情緒界線

希望孩子的情緒界線是堅固的，內在穩定，不易隨外在波動影響；懂得捍衛自己，也不會輕易攻擊他人，從小在家裡做好情緒教育是很重要的起點。

這個起點的重點在於，親子之間能夠明確地劃分各自的界線。也就是說，親子各自都能夠維護好屬於自己的情緒界線，同時，也能做到不去侵犯到對方的情緒界線。

在大人的部分，要有能力可以覺察並且辨識內在湧出的情緒，不把孩子當做是情緒發洩的對象，而是採取不傷害也不影響他人的方式來調節與抒發情緒。假使事情與孩子有關，不會帶著主觀且有攻擊性的溝通方式，多採用「客觀的事實陳述」來表達。（第二章會有詳細的做法）

在孩子的部分，由於他們尚在學習，所以需要大人的引導。當孩子有了情緒，大人要先穩定自己的情緒，願意去同理與接納孩子，在事情的界線內，允許孩子有情緒；再逐步地引導他從原始本能的發洩，轉為平和的情緒調節與抒發。

只要孩子在家中能夠跟家人把情緒界線劃分清楚，也就具備能力面對家庭以外的人，懂得捍衛好自己的界線，以及尊重他人的界線。

接納孩子的事情、觀點、情緒與感受

回到一開始的狀況題。爸媽要孩子「把外套穿上」，孩子回答「不要穿，我不冷」。這句話裡，是否要穿衣服是「事情」、說出「我不冷」是「觀點」、是否有感覺到「冷」是「感受／情緒」。

「不行，立刻給我穿上」、「你等一下就會冷了」、「怎麼可能不冷，你有冷，只是在玩，沒感覺到而已」，這些否定的言語都是在踏入孩子的界線。

假使孩子堅持立場說「我真的不冷嘛」，爸媽卻說「沒有，過來穿上，不穿就不准去玩」、「你怎麼這麼不聽話啊」、「你看妹妹都穿上了，哪像你」，則是進一步侵犯到孩子的界線了。

爸媽的做法是要先評估「變因」，包括：孩子的年齡、能力和身體狀態。如果他是健康的，也可以對冷的感受做出判斷，那麼，是否要多穿衣服是屬於孩子的事，爸媽要做的，就是「尊重」而已。尊重孩子的觀點與感受，最多是進行討論，然後，放手由他決定。

身為爸媽的我們，依然有引導與教導的職責，討論時，把「爸媽需要介入的界線」明確地告訴孩子，釋出善意即可。比方說，「好喔，如果你覺得不冷，就不用穿。媽媽會提醒你，是因為擔心可能會感冒，所以，當你感覺有點冷了，或是打噴嚏了，就要多加衣服囉。」

當孩子知道爸媽願意接納他所有的事情、觀點、情緒與感受，有替孩子建構好界線的範圍時，他更能成為一個在生理與心理上，懂得照顧自己的人。

照顧自己與自私

有人認為過度的劃清界線，是否代表只想到自己的利益，變得過於自私呢？其實，「照顧自己」與「自私」是不一樣的。

自私，是指凡事只想到自己，覺得所有人都要配合自己。很容易情緒化、被情緒支配。在意他人的看法，與同儕的關係是建立在利益與比較之上；表面上有很多朋友，但內心深處是孤獨的。說實在的，可能也不喜歡這樣的自己，更加不了解自己。

照顧自己，是懂得先把自己給照顧好，才有能力去照顧他人。因為了解自己，所以在做自己的同時，與同儕的互動是平等與尊重的，有著良好的情誼，不會任意支配他人。在任何情境下即使只有自己一人，也是自在的、享受的。不容易被情緒支配，即使內在有了情緒，也可以處理得很好。通常會有很明確的觀點與目標，不會過度在意他人看法。

家庭裡的關係，都是由「照顧自己」為出發點，再串聯起來。界線的存在是為了把自己給照顧好，也是愛自己的展現。假使家人間的界線——無論是事情、觀點或是情緒和感受——總是模糊不清，每個人的情緒會很滿、衝突會很多，家庭時常會有烏煙瘴氣的感覺，最終關係會默默地走向疏離。反之，界線清楚的家庭成員們，會在維護好自己的同時，又能夠與他人保持著相互尊重與關心，產生緊密又安全的連結。

當我們願意多關愛自己了，就會產生更多的愛來愛家人。

傳遞愛的三層次

有位媽媽跟我說，她在懷孕時，曾告訴自己要好好地給孩子愛，但是，當孩子出生了，卻發現自己時常對孩子有討厭的感覺，像是，聽到孩子的哭聲覺得很煩、認定孩子阻礙了自己的自由，甚至面對孩子的討抱，只想逃離。

她發現自己的不對勁，才驚覺原來自己不知道該怎麼愛孩子。

認真的她，上了許多與原生家庭相關的工作坊，想要探查源頭，想改變自己。在工作坊的練習中，回溯小時候的畫面，是爸媽遺棄自己的背影，這讓她時常痛哭流涕，停不下來。

阿公阿嬤帶大的她，很少感受到爸媽的愛；而阿公阿嬤愛她的方式，是給予三餐與生活的溫飽，所謂心靈上的連結，幾乎沒有。

她經過多次的自我探索，得知為何無法愛孩子的原因，是因為「我們很難給出自己匱乏的東西」，也就是「愛」。

有愛的地方

前面的章節提到了，要先照顧自我，再與家人建立起良好的關係，共同組合家庭；而維繫每條關係線、促進家庭美好氛圍的潤滑劑與凝聚劑，就是「愛」。

曾在網路上看到一句話，「**孩子喜歡去好玩的地方，但只會留在有愛的地方**」。因為有愛，能讓任何年紀的孩子，願意主動回來。

青少年不喜歡回家；一回到家就躲進房間還鎖門；在爸媽面前戴著耳機、

低頭滑手機……仔細想，爸媽在家裡創造了什麼氛圍，讓孩子寧願待在外面、關在房裡、用3C來當理由隔開爸媽，才可以感到安心呢？

如果家裡的環境與互動充滿著愛，孩子還會如此嗎？

一個愛自己的人，會用正向的眼光來看待自己與他人；一段有愛的關係，相處下來是自在、舒服的，即使不說話也沒有壓力；一個滿是愛的家，充斥著歡笑聲、擁有許多美好的家庭時光，永遠是最好的避風港。

每個人都渴望愛人與被愛，只是，很多人連如何愛自己都不知道了，更何況是談論如何去愛伴侶、愛孩子。

有些爸媽更認為，辛苦賺錢養家、把家裡的一切給打理好、滿足孩子的物質需要，這就是愛。只是……孩子真的有被愛的感受嗎？

愛是體驗，而非認知

還記得多年前，參加李崇建老師的工作坊，有一個單位在講述「愛的感受」。崇建老師邀請我到台前，問了一句：「瑋志，你覺得老婆愛你嗎？」

「她是愛我的。」我想了想，肯定地說。

「她做了什麼事情，讓你認為她是愛你的呢？」崇建老師又問。

「在我生日的時候，老婆與我的孩子們一同準備了禮物。」我在講述的過程中，崇建老師問著事件的細節，也同時核對我的感受。

「瑋志，當你打開禮物時，你的心情是什麼呢？」崇建老師問。

「我很感動。」

「感動什麼呢？可以多說一些嗎？」

「我感動的是，他們從幾天前就默默地準備，還一起計畫著要如何給我驚喜。生日當天，原本習慣賴床的孩子還特地早起。看到老婆送給我的禮物，可以體會到她有在注意我的日常，知道我的喜好，把我放在她的心中一個很重要的位置。」說著說著，不自覺地，我的眼眶泛紅了。

崇建老師覺察到了我的淚水，停頓一下子之後，帶著溫柔的聲線問道：「瑋志，你的眼淚是什麼？」我哽咽地說：「我似乎有點忘了，我真的好愛好愛我的老婆。」

原來，崇建老師是在帶領著我，體驗被愛的過程。後來，當天回到家的第一件事情，就是給老婆一個深深的擁抱。

愛是一種體驗，是在過程中，透過感知連到內心的親身經歷。有愛的流動，從感知上，能體會到對方的行為與表達，有用溫度來包圍、用無形的力拉近彼此、讓原本緊繃的身體，瞬間鬆開了，一顆糾住的心，也被滋潤了。

愛不是從認知上建立的。認知上的愛，並不一定會有愛的感受。

比方，孩子長大了，認知到爸爸當年勤於賺錢養家是愛家人的方式，但是從小並未親身體驗過父愛，所以，即便後來有了認知，還是無法拉近與爸爸的關係；又比方，自己有了孩子之後，才明白媽媽之前照顧自己的辛苦，雖然能夠體會小時候被打的原因，但是那種被打的回憶猶在，又缺乏愛的實際體驗，所以沒有被愛的感受。

雖然我們明白爸媽的付出是愛，但因為少有互動體驗，依然流於大腦的思路，沒有連到內心的感動。

好的表達，讓愛更加分

美國知名作家、輔導諮商師蓋瑞．巧門（Gary Chapman）就在他的著作《愛之語：永遠相愛的祕訣》（*The 5 Love Languages：The Secret to Love that Lasts*）中有分享，讓對方感受到愛的方法有五種：肯定的語言、服務的行動、真心的禮物、精心的時刻、身體的接觸。

展現愛的語言有很多種，但也要合乎對方的需求，才能夠連結到內心；畢竟，每個人對於愛的感受和需求是不同的。

每一種能傳遞愛的方式都很棒，只是，如果能再加上充滿愛的表達體驗，那就更為加分了。

以上述書中提到「真心的禮物」為例，奉上生日禮物時，真心地說道：「老婆，其實這份禮物，我想了很久，平時有偷偷觀察你想要什麼、缺了些什麼。我希望這個禮物，你會是喜歡的、收到是開心的，因為你對我而言，很重要。」如此，充滿愛的表達，能讓送禮物的心意更加分。

再以「身體的接觸」為例，準備段考的孩子在熬夜，爸媽上前捏了捏他的肩膀，說聲「辛苦了」。固然有表示了心意，但如果能在表達中加上關心，這個舉動更能傳遞我們對孩子的愛，比方說，「孩子，這幾天準備考試，累不累啊？看你已經熬夜好幾天了，真的好心疼喔，辛苦了，來，爸爸替你按摩一下肩膀喔。」

這樣的舉動與表達，都是需要練習的，因為如同先前所說的，假使從小很少有這類的體驗，缺乏心有所感，也沒有學習的榜樣，長大後的我們也很難說得出口。

只是，一開始的練習，伴侶與孩子可能會不習慣，搞不好連自己都覺得卡卡、怪怪的。但是，不要因此感到挫折而放棄，只要再多加演練，肯定是越來越能運用自如的。

如果想對孩子說出帶有溫度的話，在孩子的年齡越小時開始練習會越好，因為年幼的孩子，最渴望的是爸媽能夠看到他、關注他，無論爸媽講話時有怎麼樣的卡關，只要願意跟他們好好說話，他們都是喜歡的。我也會在本書後面章節分享，我是怎麼練習的。

傳遞愛的三層次

在《愛之語》中，分享了五種展現愛的方式，可以稱之為愛的廣度。至於在深度上，由淺至深傳遞愛的層次，分別為：物質的付出、實質的互動與內心的交流。當然，能做到內心的交流，通常也表示關係的連結度是很強韌的。

物質的付出

物質的付出，在傳統的教養觀念裡，是最常見到的方式。許多孩子搬離家後，久久回家一次，總能滿載而歸。爸媽老早煮好孩子愛吃的食物，豐盛佳餚擺滿桌。而爸媽總希望能替孩子省錢，所以提早買了水果、零食、用品等，準備了好幾大袋，讓孩子帶回去。有了孫子之後，有了更多送東西的理由。

讓家人有個遮風避雨的家，帶著全家去吃美食、出門旅遊、住高檔飯店；也有爸媽離異的家庭，許久才見孩子一面的爸媽，藉由滿足孩子的物質欲望，來彌補心中的虧欠。這些皆是屬於物質的付出。

不知如何用言語來表達愛，而用物質的方式，往往是最直接的。用物質付出的方式來傳遞愛，也是很棒的，背後隱含著看不到的用心與重視。我看著老婆所送的生日禮物，流下感動的眼淚；爸媽買禮物給孩子，看到他們拆包裝時的驚喜表情，也會感到開心。

只是，假使家人之間只有依靠物質的給予來傳遞愛，很難有深刻的感知體驗；也要小心把彼此的關係變成條件交換，比如，必須要得到某種價值高昂的東西，才能感受到對方的愛。

所以，家人之間的聯繫，不能只有物質，必須要有更多實質的互動與內心的交流。

實質的互動

我的爸爸不太懂得如何表達情感，把家給照顧好，是他愛家人的方式。回想與爸爸的相處，最讓我感到暖心的是在大學時，我考到駕照了，爸爸每天晚上陪我上路練車，不厭其煩地指導我要如何路邊停車，真的是很棒的回憶。現在每當我在開車時，都會想起這段往事。

人與人之間的關係，都是需要經營的，而經營的第一步，就是互動。

所謂的互動，當然不是「人在心不在」的假象，而是有陪伴、聊天、想法的碰撞、意見的交換，以及一起做同件事情的當下。

回想一下，我們當初是如何與另一半開始交往的呢？從認識到聊天、外出約會，每一個步驟，皆是透過實質的互動來拉近彼此的關係。因為有了互動，才能夠更加了解對方、熟悉對方。

即便已經結婚，也有了孩子，夫妻之間依然要保留著屬於兩人的世界。與孩子相處時，更是要有意識地提醒自己，放下手機，專注地投入在與他們的互動之中。孩子年幼時，陪著他一起玩；長大了，與他天南地北地聊天；青春期了，全家找尋共同興趣，一起參與。

互動頻繁了，關係就會拉近。關係一拉近，才有機會有內心的交流。而有內心的交流，能讓原本就很好的關係，更加緊密與扎實。

假使爸媽因為工作的原因，沒有太多時間在家，至少，可以做到「重質不重量」。也就是，把時間分配好，工作的時候專注於事業，回到家的時候，用心地陪伴家人，讓家人感覺到「再忙，我都願意花時間來陪你，因為，你是我最重要的人」。

內心的交流

與家人間的實質互動，不一定都是正向的。比方，全家人在吃飯時，先生批評太太煮的飯菜、檢討孩子的成績狀況，即便與家人有著互動，但內心卻是湧出負向的感受，像是煩躁、擔心、害怕、恐懼、不安等。如此，只會讓人想要逃離，根本不會想要留下來。

要如何讓家人間的相處，是有愛的傳遞呢？

回想一下，從小到大曾經有過「幸福感」的時刻，你腦中所浮現的是什麼畫面？

對我而言，幸福感的畫面，是全家人在河堤開心地打球；我的媽媽接我放學回家，一路愉快地聊著天；晚上，我偷偷躲進奶奶的被窩裡，祖孫倆放聲大笑。我也會在演講時問爸媽們這個問題，最多人的回答是：與家人的聊天、出遊，還有一同吃飯的景象；也就是說，「**與親近之人的真摯互動能帶來幸福感**」。

這些看似很平常的事情，但為何會在我們的內心留下深刻的幸福記憶呢？因為，在互動時，我們分享心情、吐露心事、專注傾聽、關心與好奇對方、同理與理解彼此，家人之間有著美好的內心交流。

而這層交流，往往伴隨著正向的感受，像是開心、愉悅、興奮、歡喜、快樂、幸福等。

在《引導孩子說出內心話》裡有提到「大腦的可塑性」，意思是，人的大腦會把當下的行為與內心在此刻的感受做連結，只要是與負向感受連結的行為，就會排斥；與正向感受連結的行為，會產生嚮往。於是，與家人互動時有了負向感受，等於是把對方推遠；有了正向感受，則是把彼此拉近。

所以，我們在與家人的互動時，要盡量創造正向的氛圍，讓雙方皆湧出正向的感受。同時，說出往內心交流的表達，越能觸碰到家人深層的心，愛的體驗越是深刻，幸福感的記憶也會更加飽滿。

傳遞愛的源頭

我們都希望在與孩子互動時，能把愛傳遞給他，只是，如果自己的內心是不安穩的，反而會造成反效果。比如，明知道要創造正向感受的氛圍，但是，心情不好是假裝不來的，於是，看到伴侶的行為會感到厭煩、面對孩子只有焦慮，負面情緒湧上大腦，所有的言行舉止皆是負向。明明是想表達關心，卻變成指責；明明是想表達擔憂，卻變成嘮叨，導致全家氣氛呈現低氣壓，越想拉近關係，越是造成疏離。

一切的源頭，皆是回歸自身。

想與家人在互動時有內心的交流，有正向感受的流動，必須先照顧好自己——把自己的情緒安頓了，才能跟他人有好的連結，家庭氛圍也會跟著凝聚。這也是下個章節，會以「個人」為出發點的原因。

第二章

照顧自己

情緒的正向流動

我在許多的場合講過，我曾經是個吼爸。在兒子四歲之前，只要他犯了錯，一開始我會好好規勸，但是情緒累積到受不了的時候，我就會大吼喝止。在當時，我認為孩子錯了就應該要處罰，況且，自己也是這樣長大的，又沒有變壞，為什麼不可以這樣對孩子呢？

有一次，我因為出門快要遲到，心裡很是著急，又看到兒子坐在地上，哭鬧狂說「不要」的模樣，心中的一把火整個燃燒；我走上前去，站在兒子的跟前，低頭俯視著他，用凶狠的表情，直接對著他大吼了。

瞬間的爆炸，讓心中的火不斷蔓延，接著我把他扛進廁所裡，繼續斥責，直到內心較為降溫之後才停止。待我稍微冷靜之後，看到我那三歲多的兒子嬌小的身軀站在我眼前，立正站好、低著頭、微微發抖、不斷搓手、不敢抬頭的模樣。

我叫了聲他的名字，只見到抬起頭的兒子，望著我的眼神滿是害怕、恐懼與不安。我後悔了，此時，心中湧出了一句改變我的話：「明明我是這麼地愛他，為什麼要讓他如此怕我呢？」

我也疑惑了，這對我來說是內心與思維的矛盾。我在打罵教育的社會氛圍裡長大，我曾被對待的方式，在我成為爸爸後形成了某種內建模式。在我的認知上，罵是在管他、吼是在教他；要讓孩子感到害怕，他才會得到教訓……如果這一切都是為了孩子好，為什麼我的內心卻陷入深深的後悔呢？

況且，害怕就是恐懼，用恐懼來教導孩子，真的能讓他變好嗎？抑或是，他的「變好」只是在我的面前偽裝，背地裡卻是另外的模樣呢？

我希望孩子不要再害怕與恐懼我；
我希望孩子在我的面前能夠展露最如實的他；
我希望孩子能夠感受到我對他的愛，即便是在教養的當下。
不過，即便有了這樣的願景，我卻依然感到茫然，畢竟跟我在成長中所體驗到的教養方式是不同的。為了從零開始學習，做一個跟以往不同的爸爸、一個願意表達愛的爸爸，我開始閱讀教養書、聆聽講座、參加工作坊。這一切的改變，不僅僅是為了孩子，也是為了我，成為一個更好的自己。

爸媽是孩子學習情緒的鏡子

學習得越多，越是了解內在情緒之後，我才明白，當初自己對兒子的罵與吼，是因為孩子的事情讓我的內在湧出了情緒；然後，我沒能即時處理好自己情緒，直接把情緒對著孩子傾倒，對他發洩；最後，再用「管教」二字來合理化這樣的行為。

曾經在一個演講場合，有位媽媽很氣憤地說：「明明是他們（孩子）讓爸媽有了情緒，但為什麼要改的卻是大人呢？」

是的，情緒湧出的當下，來得突然，令人措手不及，自己控制不了，理智也拉不住自己。不過，如果我們想當情緒的主人，而不是被情緒所操控的話，就必須要有掌握抒發情緒的選擇權，也就是擁有「讓情緒正向流動」的能力。

什麼是「正向的情緒流動」呢？有幾個如下的過程：

- 發現自己有了情緒。
- 能夠把自己的情緒控制住，不影響他人，也不以任何形式傷害自己的家人。
- 當心中湧出情緒，不逃避、不壓抑，用適當的方式讓它緩緩流過。
- 讓情緒漸漸地回到平靜，心情恢復穩定。
- 最好還能夠了解自己有這樣的情緒的原因。

試著問問自己：這樣正向的情緒流動，有多少大人能夠做到呢？假使連大人都很難做到，何況是孩子呢？

回應前面那位媽媽的問題：明明是孩子讓爸媽有了情緒，為什麼要改的卻是大人呢？因為，爸媽正在給孩子做良好的示範。

要能夠擁有「正向的情緒流動」，是需要漫長的歷程來練習的。一個人從出生開始，是以自我為中心來看待所有的事物，只要事情不符合自己的期待，就會有情緒產生。如果希望孩子到了成年之後，能夠具備正向的情緒流動，**從自我到自律的轉換，需要的是爸媽的引導與示範。引導孩子面對情緒產生時，可以怎麼做能更好。同時，當爸媽有了情緒，以穩定的狀態來面對孩子，等於是示範給孩子看我們如何處理自身情緒。**

某次跟一群朋友出遊野餐，大夥正在整理野餐墊與餐點時，突然聽到一個男性的大吼聲。轉頭一看，只見我的男性友人用手指著他四年級的兒子，以凶狠的表情大吼說：「你為什麼對你妹用吼的？難道不能好好講嗎？一定要用吼的嗎？可不可以用講的？你說！可不可以？」

全場當然是尷尬不已，但其實這個畫面微妙的地方是，這似乎呈現著「一個正在吼人的人，叫另外一個人不能吼人」。

我也遇過一位爸爸，只要孩子不乖，就用打的來處罰，說是要提醒孩子。有天，這個孩子打了弟弟，大人直接制止：「不可以打人啊，你為什麼要打弟弟？」只見孩子說：「因為弟弟不乖，我在教他。」大人連忙斥責：「弟弟只有大人才可以教，你不可以教他，所以，你不能打他。」

其實，這句話的意思，年幼的孩子是尚未能理解的。如果孩子能夠很清楚地區分大人與小孩的差別，就不會問出「為什麼你們都可以一直用手機，我都不行」、「為什麼你們都可以晚睡覺，我卻不行」這樣的話了——在孩子的眼中，他們在意的是「人的互動」，而非「人的身分」。

「爸媽怎麼對我，我也可以用相同的方式去對其他人」是孩子從小在與爸媽的互動中，慢慢建立起來的價值觀。假設親子之間發生衝突，大人為了停止孩子的行為而採取打罵與處罰，等於是在示範給孩子看，爸媽是如何用力量與權勢來處理衝突的。於是，孩子不但沒能練習到情緒管理，往後面對其他的衝突，也只懂得同樣以力量與權勢去解決。

爸媽是尊重孩子的，他有了被尊重的感受，更懂得如何尊重他人。

爸媽給予孩子無條件的愛，他有了被愛的感受，更懂得如何去愛人。爸媽提供孩子良好的情緒管理示範，他有了學習的榜樣，更懂得如何用好的情緒來應對他人。

身為爸媽的我們，管教孩子是應該的，只是，更需要有分辨的能力。分辨清楚當下所做的：

- 到底是在對孩子發洩情緒，還是實質上的教導？
- 孩子感受到的是我們的怒氣，還是明白為何要管教的良善之意？
- 只是讓孩子更害怕我們，還是能讓親子的關係更好呢？

我們把自己的情緒照顧好，是愛自己、愛孩子的表現，也是對於親子關係的重視，更是給孩子一個良好示範的展現。

正向情緒流動的五步驟

用火山來比喻情緒的話，「正向的情緒流動」大致的意思是：火山內部的岩漿被觸發，正在上升，於是，火山口先冒出了一些氣體。接著，火山在旁邊開一個口，讓裡面的岩漿緩緩地流出，不對周遭造成傷害，直到內部達到平穩的狀態。

要像上述火山一樣穩定自己的情緒，需要具備以下五個能力。

覺察情緒

覺察情緒，是穩定情緒的首要條件。要能夠覺察情緒，就需要先發現情緒湧出時的徵兆。

所謂「相由心生」，內在湧出的情緒，通常都會反映到外在。我們可以先透過外在行為的訊號，覺察到內在正在浮現的情緒，像是搓手，是否感到緊張呢？皺眉，是在感到煩惱呢？嘆氣，是否感到無奈呢？只要時常練習覺察行為與內在連動的關係，我們對於情緒的敏銳度就會跟著提升。

問問自己：當我們對孩子生氣，通常有哪些外在行為的訊號會不經意地跑了出來呢？注意自己的呼吸、心跳、表情、語氣、肢體動作等。以我為例，當我對孩子生氣了，我會有「瞪大眼睛」、「提高音量」、「叫孩子的全名」這三個明顯的行為。

外在行為的訊號，就像情緒火山在爆炸前所冒出的氣體。當我們意識到這些行為的發生，時常提醒自己，再不斷地練習；往後對孩子生氣了，我們就能很快地發現有這些行為訊號跑出來，就有機會把快要噴發出來的岩漿，即時地收住。

穩住情緒

情緒火山準備要噴發，因為有了自我覺察，稍微停了下來；但是，裡面的岩漿正在蠢蠢欲動，一個不留意，就會前功盡棄。所以，需要藉由一些方法來幫忙穩住。

我最喜歡也是最好運用的方式，就是「深呼吸」。這個深呼吸，是大力深吸，再用嘴巴緩緩輕吐——請注意，吐氣的時間要比吸氣來得長喔。

要注意的是，一邊專注於深呼吸，一邊要感受內在的波動，並且不對心中的情緒加以評判；等比較冷靜一點了，再做接下來的動作。

表達情緒

面對衝突的一觸即發，倘若我們不發一語，直接離開現場，孩子會覺得錯愕；撂下狠話「你等一下完蛋了」，他會更加害怕。最好的處理方式，是嘗試表達自己的情緒。

願意接納與包容孩子，不代表要讓自己成為一個沒有情緒的人。我們當然會有情緒，只是，在可控的範圍內，不帶批評與責備，也沒有威脅與碎唸，只有「**如實地說出當下內在的感受**」：

「孩子，現在已經很晚了，你的功課還沒寫完，我真的很著急耶。」

「孩子，你剛剛的眼神與表情，讓我看了很生氣。」

「老公，你說的這一番話，其實，我聽了有些受傷。」

倘若女兒因為寫功課寫到很煩躁，而用不好的口氣對我講話，我也會如實地表達：「女兒，你覺得寫功課很煩，我明白，但是，功課不是我要求的。你現在對待我的方式，就像是把氣出在我身上，其實我是很不舒服的。爸爸願意在這邊陪你，是心疼你，想看看怎麼做來加快你寫功課的速度，所以，請不要再這樣跟我講話了。」

接著，再試著提出能夠讓衝突暫停的辦法：

「爸爸現在有些生氣，我們先不說了。」

「我的心情不太好，我去房間冷靜，你就先待在這吧。」

「我實在是很難過，可不可以讓我一個人靜一靜。」

調節情緒

衝突暫停之後，無論是採取離開現場、呼叫另一半、請託長輩，或是跟孩子同處一室的方式，都要先把自己的情緒照顧好，再去照顧孩子。

如果自己的內在很混亂，依然優先處理孩子的情緒的話，那股壓抑在心中的怒火，有很大的機會因為他的任何舉動而再度引爆。畢竟，若是心中有火，很難冷靜地去看待每一件事情。唯有心中平靜，才能帶著包容。

透過自我調節，讓情緒緩緩地消退下來，等於是把內在照顧好，也等於是在火山旁開了口，讓岩漿找到安全釋放的方式，安頓好自己的內在。

調節情緒的方法有很多種，重點為是否適合自己。調節情緒的方式，大致也可分為短期、中期、長期。短期的意思是效果可以立竿見影，情緒能較快速降下來；不過，只要遇到類似的事情，再次被點燃的機率也是高的，對於自己整體的情緒穩定度幫助有限。

而中、長期的情緒調節，雖然耗費的時間比較久，情緒下降得比較慢，但是在整體的情緒穩定度上，是相對平穩的；只要持續練習，往後發生挑起情緒的事情，心情就不太容易再起波瀾——心中情緒的活火山變成休眠狀態。當然，長期的穩定效果比中期的更好。

該怎麼做呢？

短期：轉移注意力，如喝杯水、散散步、到陽台看風景、深呼吸數次。

中期：做適合自己的運動，如跑步、健身、做瑜伽，或從事喜愛的興趣與嗜好，如聽音樂、畫畫、閱讀、烘焙等。

長期：靜坐、冥想、自省書寫、進行3A情緒急救*等。

只要是能降低衝突的方法，都是好方法。不過，也有一些看似調節情緒的方法，其實是在逃避與忽略情緒；乍看是不生氣了，但是短暫且快速地抒壓後，可能會帶來更多的負面影響。比如，抽菸、喝酒、賭博、打電動、暴食，以及藉由購物來安撫心情等，是值得注意與提醒自己的。

在調節情緒的當下，特別是用長期的方式，可以進行自我對話，嘗試辨識情緒、允許它與接納它，如此，可以挖掘引爆情緒的源頭、內在產生糾結的原因，藉此更加了解自己，這也是照顧自己的方式。這部分，在後面會做更詳細的說明。

再次溝通

待自己的情緒穩定了，教育、引導孩子的工作還是要繼續，不能夠就此算了。不用害怕衝突，每一次發生衝突，只要處理得好，都是一個可以讓彼此更好的契機。

如果在溝通時，孩子依然有情緒，不要急著繼續溝通，而是陪伴他、等待他。此時，因為我們的內在是穩定的，我們有能量去承接住他的情緒。

發生衝突後，最重要的是後續的和解與溝通；唯有親子雙方的情緒是平穩的，才能夠開啟平和的對話。而再次與孩子溝通之前，可以想一想這三句話：

「如果先前的溝通無效，還有其他更適合我們的溝通方式嗎？」

「依照我對孩子的認識，我能怎麼跟他說，他才會比較願意聽得進去？」

「我要如何跟孩子表達，他才會感受到我對他的愛，而不是只有生氣與嘮叨呢？」

只要在親子的溝通上，有先嘗試想到一個方向，就會是個很好的開始。

雙方平穩的情緒，開啟平和的對話

有一次，女兒要做報告，向我借了筆電，但是，她使用完後，把筆電放在客廳的桌上，沒有放回原位。我提醒了幾次，她都回答「等一下」。結果，女兒一個不小心，腳絆到了電源線，線拉著整台筆電往下掉，我的筆電就這樣摔凹了一角。

我當下看到了如此景象，內在是生氣的，但歸功於平時的練習，我很快地察覺到內在的情緒湧出（覺察情緒），於是我先不講話，默默地做了幾次深呼吸（穩住情緒），接著用稍微嚴厲的口吻提醒：「女兒，筆電的這裡凹了，有看到嗎？」接著說：「我知道你是不小心的，但是，爸爸還是有些生氣，我們等一下再談這件事。」（表達情緒）說完，我就到廚房喝杯水、走一走，來緩和生氣的心情（調節情緒）。

在情緒稍微冷靜之後，我開始好奇女兒的反應。因為從事發到後來，她都是板著臉孔，不發一語；把我的話聽完後，沒有做任何的回應，很快地躲進她的房間。

大概十多分鐘後女兒出來，當下我的情緒也穩定了，開口問：「女兒，你還好嗎？現在可以來聊一聊嗎？」她說可以（再次溝通）。

「女兒，爸爸把筆電測試過了，幸好操作都沒有問題，也讓你知道一下，想說你可能會擔心。」我再緩緩地說：「女兒，你應該感覺得到，爸爸剛剛是生氣的吧。」

「有。」女兒說。

「爸爸生氣的不是你拉到線，讓筆電摔下去，我知道你是不小心的。我生氣的是你用完了，沒有拿回去放好，我提醒了，但你還是繼續擺在客廳的桌上，才會發生後來的事。爸爸希望我們可以一起保護它，之後用完了就放回原本的地方，可以做到嗎？」

「可以。」女兒點了點頭。

講完筆電的事後，我想要關心一下女兒的心情。

「女兒，爸爸想知道你剛剛怎麼了？你一句話都不說就跑進房間，把門鎖了起來。怎麼了？在生氣嗎？」我問。

「有，我是在生氣。」女兒說。

「你在生什麼氣呢？」

「我在生自己的氣。」

「你是氣自己怎麼這麼不小心嗎？」

「對啊，爸爸，我之後一定會更加小心的，對不起。」她很是懊惱的模樣。

「事情發生了，你一定會很自責的。沒關係，我們再注意就可以了。」我微笑著，拍了拍女兒，表示我是不在意的。

我想講的都說完了，可是，女兒過了一會兒很開心地繼續與我分享：「爸爸，我覺得我越來越進步了耶。」

「怎麼說？」我說。

「剛剛我躲起來的時候，有發現到自己處理情緒的時間有縮短了，好像不到十分鐘，心情就好了耶。」

「很棒啊，你知道自己是怎麼做到的嗎？」

「我在玩史萊姆啊，很療癒。」

「原來史萊姆能使你的心情變好啊，太棒啦。」

「其實啊，我可以再更早一點出來的，但是，我不想。」

「是什麼原因讓你心情變好了，卻不想出來呢？」

「因為我不想聽你講筆電的事。」

「你聽到筆電的事情，會怎麼樣呢？」

「會更加自責。」

「是喔，你後來怎麼還是開門出來了呢？」

「因為我知道是自己不對，而且，反正爸爸也不會罵我，那就面對吧。」

「這表示你有願意負責的態度啊，你好棒喔。」我輕輕地抱了一下她。

聽完女兒的心聲，我很慶幸在生氣的當下，沒有把情緒爆炸在她身上，也才有開啟後續對話的機會。

沒有人想要犯錯，但每個人都會犯錯。犯錯的人，可能在表面上會有武裝、會不在乎、會更生氣、會哭得更加大聲，這些都是他自責的展現。自責的孩子，最希望的是得到爸媽的包容、理解與原諒。

當爸媽把自己的內在照顧好，用好的應對姿態來包容孩子，就是一個愛的傳遞與示範。

照顧好自己的內在，是一種傳承。當爸媽懂得處理自己的情緒，孩子會看到，也會學到；他能在過程中，藉由爸媽的引導以及練習，長出自己的能力，成為自己情緒的主人，擁有正向的情緒流動。

我覺得，這是我們能給予孩子一份最棒的禮物！

接納與放下

我們是人，不是當了爸媽之後便成為神，都沒有情緒。對孩子發了脾氣，會自責、後悔，都是正常的情緒。就算一開始沒有把自己的情緒處理好，可是，我們依然堅持學習、堅持想要成為更好的爸媽。光是這一點，就很值得被自己肯定了。

接納自己是個有情緒的爸媽，也試著放下心中的懊悔，該和解的就鼓起勇氣去和解，讓我們跟自己說：「你很棒。」然後，繼續昂首闊步，大步向前吧。期許成為一天比一天進步一點點的爸媽——只要一點點就好了，真的！退步了，也沒關係，不糾結在已發生的事情，允許自己專注在當下的狀態。整理好心情，重新擁抱孩子。當我們願意放過自己，心的寬容度會增加，也更能包容孩子。

*「3A 情緒急救」是指情緒湧出的當下，嘗試安頓自己、貼近自我內在的方式。3個A分別是：
我覺察（Aware）自己在生氣；
我承認（Admit）自己在生氣；
我允許（Allow）自己在生氣；
當願意面對自己的情緒時，情緒對我們的影響也會慢慢變小。

了解自己、欣賞自己

講座後，有位媽媽來詢問我：「澤爸，你好，想請教一個關於我自身的問題喔。」

「請說，怎麼了呢？」我請她安心地說。

「只要當孩子們在吵架，我知道應該要制止他們，但是，我卻總是把耳朵摀起來，然後逃離現場，不想管他們。這樣是好的嗎？」

「媽媽，當看到他們在吵架時，你的感受是什麼呢？」我沒有直接回答，而是先關心她。

「我覺得很煩。」

「你在煩躁時，當下有想些什麼嗎？」

「我覺得他們幹麼要一直吵架，為什麼不能讓我安靜地休息一下。」

「所以，你希望孩子們能夠試著體諒你，是嗎？」

「是啊，我白天要工作，回到家還要煮飯，我也會累。他們為什麼總是不能替我著想呢？」說著，這位媽媽的眼眶泛了淚。

「媽媽，在育兒的路上，你有感到委屈嗎？」我進一步關心她。

「有。」她點點頭。

「除了面對孩子，在家裡，還有在哪些事情上感到委屈呢？」

「為什麼家裡的事情，都要我來做？都亂七八糟了，沒有一個人覺得髒、覺得亂，只有我看到，全部都要我來弄；老公也不管，只想當白臉。我真的好累喔。」說到此時，這位媽媽淚流不止，滿心的委屈一湧而出，我們的對話也稍微停頓了一會兒。

「媽媽，我知道你也不想這樣的。你是怎麼看待委屈的自己呢？」我問。

「我覺得……我這個當媽媽的，真是失敗。」

育兒的這條路上，老實說是辛苦的，而且不一定會有成就感。無論是面對孩子、伴侶以及整個家庭，當有衝突或狀況發生時，肯定會伴隨許多的情緒，比如，後悔、內疚、懊惱、羞愧以及挫折。而因為這些感受的產生，許多爸媽總是在責備自己，覺得自己是失敗的。

內心會產生這樣自我怪罪的念頭，原因可能有很多。曾經有位媽媽對我說，她不喜歡情緒失控的自己，覺得吼孩子的自己是糟糕的。在小的時候，她的爸爸常常情緒失控地對她，年幼的她很害怕，然後告訴自己，不要成為這樣的大人。只是，有了孩子後，卻還是成為這樣的大人。

我聽完後，問她：「雖然你認為自己是糟糕的，但是，想要變成更好大人的你、想要用更好的情緒來應對孩子的你，不覺得自己很棒嘛！你願意看到自己的進步、欣賞這樣的自己嗎？」

照顧自己，除了允許與接納自己的情緒之外，嘗試了解自己、進而欣賞與肯定自己，也很重要，更是愛自己的一種方式。

了解自己情緒的源頭

結婚後，特別是有了孩子，我很重視全家一起吃飯的儀式。只要我是在家的，即便自己沒有要吃飯，也會一同坐在餐桌旁，與老婆孩子們聊天。

有次，我先接下課的兒子回家，過了一小段時間後，再去接上才藝課的女兒。回來後，發現兒子已經吃飽了，要去房間寫功課；我聽到了有些生氣，要求他即使吃完了，也要坐著跟大家在一起。

兒子不解，覺得他都吃完了，為什麼一定要坐著，難道不能去做些別的事嗎？我當時也說不上來為什麼，只覺得心中很不高興，生氣兒子為何不能等一下？生氣老婆怎麼沒有阻止兒子？搞到大家都不愉快。

當我的心情比較穩定之後，在靜心時，自我對話了一番。我先問了自己：

「瑋志，你好生氣喔，是什麼原因在生氣呢？」

「我生氣兒子先吃完了，沒有跟我們坐在一起。」我回。
「你生氣的是兒子先吃完飯呢？還是沒有坐在一起呢？」我再試著釐清。
「我氣的是他沒有跟我們坐在一起。」
「所以，你是期待全家人吃飯時，能夠坐在一起嗎？」
「是的，我很期待。」
「是什麼原因讓你這麼期待呢？」
「因為，我好喜歡這樣的氛圍，有種凝聚、和樂、很幸福的感覺。」
「瑋志，如果全家人沒有坐在一起吃飯聊天，你有什麼情緒呢？」
「我覺得很失落。」
「失落什麼呢？你知道嗎？」
「覺得心中好像少了一塊什麼，有種孤單的感覺。」
「在你的成長過程裡，曾有過這樣的失落感與孤獨感嗎？」
「在我高中的時候。」我想了想，腦中浮現了這樣的答案。
如果要說我從小到現在，某個心情較為黯淡的時期，那就是高中了。我就讀私立高中，除了週考與每天的小考之外，一個學期有四次段考，還有暑假與寒假的輔導課程；我當時認為，存在的意義，只是為了考到一所好的大學。剛好我的成績又不上不下，在讀書上的挫折感很深，壓力很大，所以心中很渴望能得到慰藉。

最好的慰藉，當然是來自於家人。只是，當時奶奶忙著教會；爸爸跟媽媽專注於工作；哥哥有他的多姿多采的高中生活；在我印象中裡，時常有我回到家後，面對空蕩蕩的家、餓了就自行煮個水餃、泡麵、蒸隔夜飯菜、只有自己一個人的畫面。

腦中浮出這樣的景象後，我明白心中那份孤獨感與失落感從何而來了，也弄懂我為何看到兒子不願意一起吃飯，心中會有情緒了。

情緒的界線歸屬

了解情緒的源頭，主要目的不是要拿來責怪，而是讓自己明白，**當下對孩**

子有情緒，說不定是跟孩子無關，而是跟自己過往的經歷有關。

而這個過往經歷，可能是近期的，也可能是比較久遠的。近期的經歷，像是，對孩子不耐煩，是因為今天忙碌一整天，身心疲累了；對老大發脾氣，其實是因為剛剛處理老二的事，用掉了最後一絲絲耐性；對孩子很容易生氣，是因為白天在公司被老闆責備了，心情不好。

久遠的經歷，則可能是與原生家庭相關，也有可能與自身經歷相關。像是，有位媽媽只要聽到孩子說「同學不喜歡跟我玩」，就會滿臉焦慮與擔憂，甚至有直接去找該同學或是對方家長的念頭。後來這位媽媽才明白，她的焦慮是來自於自己在學生時代被人排擠，所以，她的擔憂是不希望孩子也發生同樣的事。

與自己平和地對話，了解自己為何對某件事有著激動的反應或莫名的糾結，把界線歸屬釐清。

如果，對於某事的糾結無關孩子、而是與自身的過往經歷有關，那麼，就是屬於自己的課題了。要做的是安頓好、照顧好自己的內心，讓情緒有正向的流動，而不要跨過界線燒到孩子了。

自我對話的練習

我們可以如何進行探索自我的對話呢？

關心自己

當發生衝突、產生情緒時，先有意識地專注於內在，再問問自己：「我還好嗎？」「我怎麼了？」「我現在有情緒嗎？」

詢問感受

意識到內在的混亂時，可以試著與自己核對：「我現在的感受是什麼呢？」「我剛剛感到生氣還是煩躁呢？」此時，我們可以稍微注意一下，與內在進行核對時，心中湧出最主要的情緒是什麼。

進行探索

延續先前覺察到的情緒，如果發現最主要的情緒是生氣、焦慮或難過，接著問自己：「我在生氣什麼？」「是什麼原因讓我焦慮了呢？」「是什麼原因一聽到這句話，我會感到難過呢？」

往內心一層又一層探索的同時，可能會碰觸到不同的感受。比如，我一開始是對兒子不一起吃飯而感到生氣，後來卻發覺到另一個情緒：失落。此時，我們可以在不同的情緒底下，繼續開啟另一道門來往內探索。

過往經歷

在自我對話的過程中，發覺自己的情緒、想法或價值觀可能跟過往經歷有關，可以問問自己：「從什麼時候開始，我就心情不好了呢？」「我曾經有過這樣的感受／想法嗎？」「曾經有人跟我說過類似的話嗎？」

界線分明

找到情緒的源頭，明白當下過度的反應，是來自於過往經歷的影響，我們可以跟自己說：「我感到好生氣，我是可以生氣的，我允許自己生氣。只是，這份情緒是屬於我的，與孩子無關，不能夠把氣出在他的身上，要找尋更好的方式來宣洩。」

當我們把源頭的「結」找到了，就可以從一團亂的線繩中，慢慢理出頭緒。雖然不一定有能力把結鬆開，但是，至少可以清晰地看到事情發生的脈絡

關心自己	「我還好嗎？」 「我現在有情緒嗎？」
詢問感受	「我現在的感受是什麼？」 「我是在生氣嗎？」
進行探索	「我在氣什麼呢？」 「是什麼原因讓我焦慮了呢？」
過往經歷	「從什麼時候就心情不好了呢？」 「曾有過這樣的感受嗎？」
界線分明	「這份情緒是屬於我的。」 「不應該把氣出在他人身上。」

自我對話的練習

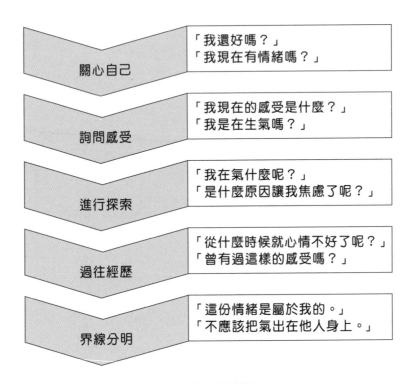

和輪廓。往後，我們的情緒受到影響的機率就會跟著降低，情緒穩定度也會相對提高，減少對他人的波及。

不過，需要在此提醒：假使我們在探查情緒的源頭時，挖掘到了難以忍受的痛苦回憶，是可以停止的，不去觸碰也沒有關係，因為，我們或許還沒有準備好或具備足夠的能力去撫平傷口。有需要的話，尋找專業的人員來協助，是選項之一。

欣賞自己：爸媽的身分認同

在暢銷書《原子習慣》裡有提到，「許多人在展開改變習慣的過程時，都把重點放在想要達成『什麼』。這會將我們引至以結果為基礎的習慣。我們應該一開始就把重點放在希望成為『什麼樣的人』。」「真正的行為改變是身分認同的改變。當一個人相信他身分中的某個特定面向，就更有可能做出與此信念相符的行動。」

這兩段話的大意是，身分認同是核心，過程是中間，結果為表象；如果我們總是視「結果」為要達到的目標，比如「我今天不要對孩子發脾氣」、「我等一下要對孩子有耐性」，但是對身分認同的核心依然沒變，改變就很難持續下去，有了挫折也就容易放棄。這也是為何許多爸媽跟我反映，聽完我的講座回家後，跟孩子的相處似乎有些不同了，但是，最多為期兩週，就打回原形。

所謂的身分認同，是「我要成為什麼樣的人」。唯有發自內心決定自己想要成為什麼樣的爸媽，強化渴望得到的身分，才會從生活中的點點滴滴去改變，進而達到結果。

所以，在親職教養上的身分認同，我們的目標：

不是「不要對孩子發脾氣」，而是「**成為願意跟孩子好好說話的人**」；

不是「要對孩子有耐性」，而是「**成為願意接納與包容孩子的人**」。

只是，要做出身分認同上的改變，是條漫漫長路，很難立即看到成效。要能夠有長期的維持與堅持，需要像《原子習慣》中所說的「新的身分認同需要新的證據」，這個證據就是「**透過生活中的小勝利來向自己證明。**」

生活中的小勝利

我們都是有了孩子之後，才開始學習怎麼當爸媽的。育兒之路，沒有說明書、沒有指導手冊，唯一有的是我們小時候被對待的經驗。只是，過去的教養方式適合我們嗎？適合孩子嗎？不知道。於是，我們在與孩子無數的衝撞中，持續摸索著；老實說，光是這段願意持續摸索的過程，就很令人感動了。

在對孩子生氣、大吼之後，固然會有沮喪、挫折與後悔的心情；我們或許一時半刻沒有達到預期中的模樣，但是，可以試著欣賞那個不斷努力與勇於突破的自己。

唯有願意欣賞自己、肯定自己，才能把自己照顧好。

要如何欣賞與肯定自己呢？先試著觀察自己在親子互動中的小勝利——在過程中，我們有哪些**正向行為**、**內在特質**，**以及微小改變**。

比方說，「當孩子有了情緒，我願意先耐著性子跟他溝通」、「雖然在陪孩子讀書時，我生氣了。但是，我在自己也不懂的情況下，願意先讀一遍再教他」、「先前是我一生氣就立刻罵孩子了，但是我剛剛是過了十分鐘才罵。」

透過這樣的方式，看見自己的好，看見自己對孩子的愛，也看見自己願意為了孩子調整的心意。有了這些親子互動小勝利的證明，就可以欣賞與肯定自己了。

欣賞與肯定自己

要怎麼對自己說出欣賞與肯定的話語呢？

在對自己說的肯定句中，包含以下四部分：

- **呼喊自己的名字**
- **客觀地陳述事實**
- **點出行為中的正向行為、內在特質或微小改變**
- **說出稱讚或感謝的話語**

「瑋志，當孩子有情緒了，你能夠先耐著性子跟他溝通，你好棒喔。」

「瑋志，你原本是不懂的，但是願意為了孩子而重新學習，你怎麼這麼厲害啊。」

「瑋志，雖然剛剛你還是罵孩子了，但是已經比之前進步了，相信你一定會越來越好的。瑋志，謝謝你願意為了孩子而這麼努力。」

另外，也可以在句子中肯定自己做出改變的過程：

• 關注自己的成長歷程

「瑋志，你是怎麼堅持到現在的啊？一定很辛苦喔。」

「瑋志，剛剛的改變，你是怎麼辦到的啊？太佩服了。」

當我們願意欣賞與肯定自己時，等於是在一條無止境的育兒大道上，讓原本瀰漫著一片烏雲的心靈空間，開始射進了陽光，感受到了溫暖。更棒的是，這道光，是我們給予自己的。

有了這些小勝利的證明，再以愛自己的方式鼓勵自己，就會強化我們對於新身分的認同，發自內心地蛻變；接著，親子互動的過程與結果，也會慢慢不一樣了。

現在由我們自己來愛自己

「為什麼我要同理孩子？在我小的時候，有人同理過我嗎？」這是某位媽媽在跟我聊育兒經時脫口而出的話，言詞中，帶著一絲絲的氣憤、一些些的委屈。

以往，她的爸媽有情緒了，就直接對著孩子發洩出來；現在，她對孩子有情緒了，卻必須要想辦法穩住。

以往，她的爸媽有情緒了，想罵什麼就罵、想唸什麼就唸；現在，她對孩子有情緒了，還得努力思考著要說什麼，才不會傷到孩子的心。

以往，她的爸媽罵了孩子，還會說「我這麼做是為了你好」；現在，她罵了孩子，卻願意彎下腰來與孩子道歉與和解。

她很愛孩子，是樂意這麼做的；只是，越是想要嘗試同理孩子，也越常想起當年那個不被同理的自己。

雖然，這位媽媽的言詞中帶著委屈，不過，我看到的是她的偉大與堅韌。

教養上要做出改變，是件不容易的事；現在她願意用不同的方式來對待孩子，把傷害與恐懼的循環停在我們這一代，不延續給下一代，光是有如此堅定的信念，就很值得欽佩了。

我鼓勵著這位媽媽，要多看到自己的好、看到自己的價值，多多關愛自己、欣賞自己與肯定自己。以前沒人同理我們，現在由我們來同理自己吧；因為，如此棒的人，值得被自己所愛。

表達的練習

有次在講座中，我邀請一位爸爸來與我對話，他扮演家中小學的兒子，而我扮演爸爸，狀況是他們家常發生的親子衝突。

過程中，我試著用平和的語調、帶有溫度的話語，來跟對方進行對話。後續，我問這位爸爸：「如果你是孩子，爸媽用這樣的方式來說話，你的感受是什麼呢？」

沒想到，這位爸爸說：「太難了，我說不出口。這是不可能發生的事，應該是成仙的人才能夠說出這樣的話吧。」他一臉不可思議，不相信世上有爸媽是可以用如此平和且充滿愛的方式來與孩子說話。

在此，想要介紹一個詞：「慣性」。

情緒與行為上的慣性

慣性能讓我們藉由維持現狀而感到安心，即便不一定是好的。因為照著習慣的模式來做，是可以預期的、是相對安全的，不太容易有意外發生；而且在大腦的運作上，依照慣性來執行，是比較不費力的，如同我們習慣去某幾家餐廳吃飯、聽哪一類的音樂等。

情緒與行為上的慣性，意思是遇到特殊事件時——特別是這件事帶來壓力、焦慮、不安，或是讓人感到威脅與危機感——會不假思索、採取特定的行為模式來應對事情，而這些應對姿態*，往往都是非理性的。

形成情緒與行為上的慣性，多半與童年經驗有關，或來自從小與家庭成員的互動。

我們從出生開始，都在藉著眼中所見到的、身體所感受的來吸收、學習跟模仿，所以，爸媽之間的講話方式、爸媽對待我們的方式，都會成為我們的內建模式。到了我們成年之後，這個內建模式大致定型，成為我們生存的本能，甚至是反射動作，變成自己的慣性，直到我們結了婚、有了孩子。

面對最為親近的伴侶與小孩，通常不太需要偽裝與隱藏這些內建模式，於是，容易直接展露出來，成為**「慣性的傳承」；傳承下來的包括了情緒應對與價值觀點，也就是「爸媽過去對待我的方式，我現在也用來對待孩子」，以及「年幼時面對衝突的反應，長大後也有相同的反應」**。

「教孩子就是要打，不打怎麼讓他怕」、「這有什麼好哭的，哭有用嗎？可以用講的啊」、「慈母多敗兒，好好跟他說，讓他爬到你頭上了」、「好啦、好啦，不要生氣，我的錯，都是我的錯」，仔細回想，這些應對與觀點，絕大多數都是傳承下來的。

我們從孩童時期到成人，這個慣性已經跟著我們數十年了，要改變真的是有難度的；可能一開始還能有意識地提醒自己，但是，時間一久，又打回原形，又被過往的慣性所箝制了。

我遇過許多家長，會想要改變教養上的慣性，通常是因為親子或夫妻之間發生衝突，而這個衝突產生了覺醒，意識到這樣做是不對的，或是再繼續下去可能會導向關係疏離的結果。比方說，我認識一位爸爸友人，跟家中的青少年發生了拳腳相向的衝突事件後，才開始願意聆聽親職講座。

戰勝慣性的練習

要改變數十年的慣性，絕非一蹴可幾，需要先意識到自身的行為是慣性的傳承，然後，再刻意且長時間地練習。

比如，去日本開車自由行，已經習慣左駕的我們，突然要改為日本規定的右駕，一開始要先意識到「必須換成右邊開車了」，然後告訴自己要從右側開門；上路前，提醒自己雨刷跟方向燈的位置。即便如此，還是偶爾會犯錯，要連續開好幾天、練習好幾次，才有可能擺脫左駕的慣性。

面對孩子也是如此。

先前有提到，在我兒子四歲前，每當我壓不住情緒，就會凶他、吼他。當我心情好時，我是個會陪兒子玩的有趣爸爸；但是，只要一生氣，可謂是火山爆發，讓兒子對我是又愛又怕。經過日後的學習，才意識到這是我在情緒應對上的慣性使然，覺得管教就是要讓他怕，好好說是一種溺愛。

後來，我有了想要改變的決心。經歷了十年的練習，在兒子十四歲時，我已經有長達三年多不打、不罵、不凶、不吼，也不會做出批評、責備、威脅與恐嚇的行為；我能用有溫度的方式來跟孩子說話，也能自然而然地對孩子表達愛，不會卡住、不會刻意，也不會覺得奇怪。當然還是有生氣的時刻，但我已然能掌握好好說話的訣竅，而不是對著孩子發洩情緒。

我刻意練習的方式有三種：

- **對自己練習**：在自我靜心與冥想時，會針對當天與孩子的衝突，詳細地回想整個過程，把需要調整的行為與言語進行反思，思考著之後遇到類似的狀況，我還能怎麼說或怎麼做會更好。

此時，平時閱讀的親子教養書，以及用心上過的課程與講座，就可發揮功效。把覺得不錯的方法，依照對孩子的了解，在腦中進行一場模擬對話——想像我能怎麼說是孩子可以接受的，孩子的反應會怎麼樣……全部試想一遍，能多想幾個劇本會更好。

• **對伴侶練習**：邀請老婆以孩子的角度來感受，假使我換成另一種方式來表達，會不會比較好，再請老婆給予反饋，或是一起討論可以如何調整。

這個方法的前提是，夫妻之間對於教養是有共識的，在溝通上是順暢的，才能相得益彰，否則，可能變成吵架喔。

• **對孩子練習**：直接跟孩子一起練習是最直接的，因為他就是我們要溝通的對象。他的反應如果是好的，表示他是能接受的，而我們做的是對的；反應不好，就表示還需要再調整。

假使孩子有些抗拒，不是很願意，也可以用邀請的方式說「孩子，爸爸想要請你幫個忙，希望你聽聽看爸爸這樣說，你的感受是什麼。」只是，已經這樣提出邀請了，孩子依然反抗很大，就表示可能跟過往經歷有關，這部分會在後續的「連結關係」裡，講述該如何對話。

做孩子的示範

依照慣性生活，固然是方便的，因為我們已經適應長期以來的言行模式，絕大多數的應對方式幾乎是靠反射，不需要有意識地去控制；畢竟，對抗習慣是件很累的事情，而且在過程中也很容易有挫敗感與不可掌控感。

但是，**從我們開始改變，就是終結慣性的傳承**。用好的溝通、有溫度的對話、傳遞愛的表達，做孩子的良好示範。讓孩子從我們身上接受到的，是充滿純、真、愛與良善的對待，進一步成為孩子的內建模式，形成他的慣性，再世世代代傳承下去。

這些改變絕非一朝一夕，而是需要日積月累。想要擁有更好的親子關係，改變是一定要的；只要爸媽改變了，孩子也會跟著一起改變。而且，我們的改變，不僅是想要成為一個更好的自己，也是為了我們的孩子、孫子。

＊薩提爾的應對姿態，有四種類型：指責、討好、打岔與超理智，也可稱為保護自己的「求生存姿態」。

第三章

連結關係

家庭成員的情感連結

「情感連結」的意思是，我與此人透過長期的互動與相處，感受到彼此心與心的靠近。在對方面前，可以很真實地做自己，而不必擔心傷害到彼此的關係。不用刻意表現，都能感受到在彼此的心中是重要的。

只要是情感連結很深厚的兩人，通常關係都會是好的。而要達到深度的情感連結，是需要靠累積與經營的，伴侶關係、親子關係都是如此。

伴侶之間的情感連結，大致是從認識、交往開始。而親子之間的情感連結，從一出生就開始了；孩子哭了，有人呵護他、抱抱他、安慰他；當他感受到了安全、溫暖、舒適，哭聲就停了下來。孩子與照顧者的連結，就在這個過程中被建立了。

一開始，面對只能用哭泣來表達的嬰兒，爸媽會明顯看到哭泣背後的原因，比如，尿布溼了、想睡覺了、身體不舒服、餓了、想要抱抱等，然後盡力安撫他。然而，當孩子會走路、會講話之後，他內心的情感需求沒變，爸媽卻覺得孩子「應該」要長大了，於是，應對的方式也變了。

「這有什麼好生氣的」、「再哭試試看」、「爸爸不喜歡愛哭的孩子喔」都是著重在「解決表面的問題」、「處理事件的表面」——也就是要求孩子立刻停止情緒的發洩；卻忘了，**安撫情緒、嘗試理解情緒背後的原因，才是連結情感的方式。**

情緒的反彈，其實是渴望得到愛

在某一次演講之後，有位媽媽指著她旁邊大約四、五歲的女孩，說：「澤爸，請問一下，她會在妹妹喝奶（哺乳）的時候說也想喝。我不讓她喝，她就生氣。我該怎麼跟她說？」

「你是怎麼跟她說的呢？」我先問這位媽媽。

「我跟她說，你已經長大了，這些是妹妹要喝的。後來有幾次拗不過她，讓她試了幾口，本來以為她嚐過就算了，但是，她還繼續喝很久，之後每一次看到妹妹在喝都會來要求。」聽媽媽說完，我心中有個底，只是必須要透過對話，才能明白姊姊心中的想法。

於是，我得到媽媽的同意後，蹲了下來，眼睛平視著姊姊。

「姊姊，叔叔問你喔，你怎麼會想喝呢？」我問。

「妹妹在喝，我也想喝。」姊姊回答。

「所以，你是好奇味道呢，還是羨慕妹妹？」我用不同的可能性來核對她的想法。

「嗯……羨慕妹妹。」

「羨慕什麼呢？」

「羨慕她可以喝奶。」

「只有羨慕喝奶嗎？還是還有羨慕別的呢？」

「羨慕……媽媽可以這樣抱著妹妹。」

「平常，媽媽會抱你嗎？」

「嗯……（臉色一沉，有點難過的模樣）不太抱我了。」她想了一想。

「從什麼時候開始，媽媽就比較少抱你啦？」

「從……妹妹出生之後。」她的眼眶有點泛淚，語氣開始哽咽。

「你希望媽媽可以常常抱你嗎？」

「嗯。」她點點頭。

「如果媽媽常常抱你，每天會找時間單獨來陪你，你還會想要喝奶嗎？」

「應該……不會了吧！」她低著頭，微微地搖搖頭。

「媽媽，你願意每天抽出時間，試試看嗎？」我帶著微笑轉頭詢問媽媽。

「我會的，謝謝澤爸。」媽媽的表情，有種豁然開朗的模樣。

聽起來，這位姊姊渴望得到媽媽的擁抱，因為自從有了妹妹之後，媽媽很少抱她。她是如此地渴望，但能力上卻說不出好的表達，於是，轉為用要求哺乳的方式來討愛。如果媽媽不同意，她便會開始生氣。其實，她的生氣，不是因為喝奶，而是「媽媽不能抱我了」。

假使這位姊姊有經過長期表達的練習，懂得說「媽媽，我好想要你的抱抱喔，每次看你在抱妹妹，我都很羨慕，可不可以有空的時候再來抱我呢」，相信媽媽也能明白。只是，這樣如實並且準確地把心中的需求與渴望完整地表達出來，對大人來說都很有難度了，何況是孩子。

由此可知，當一個人渴望愛但又得不到愛，也不懂得如何正確表達時，通常會用情緒的反彈來呈現。

比如，太太對先生說：「你都不懂我要的是什麼。」先生對太太說：「我每天辛苦工作，你有看到我對這個家的付出嗎？」孩子說：「爸爸偏心、媽媽不公平。」這一切的情緒反彈，都是想要被自己最珍愛的人看見，看見內心深處被愛的渴望。

有了這一層的理解，當我們遇到伴侶或孩子的情緒反彈，不要急於去爭辯或解釋，而是先緩一緩，思考對方真正想要表達的情感是什麼？對方的這句話，是想要獲得怎麼樣的愛呢？

建立連結的阻礙

兩性及婚姻關係治療師瓦蘇說，我們的心有三層結構：最外面一層是保護層，中間一層是傷痛層，而最深處的一層是真我層。

孩子渴望與爸媽有情感上的連結，是真我層最基本的需求，只是，孩子尚未有能力做出好的表達，幾乎是用情緒的反彈來期望獲得連結。爸媽接收到了，可惜不懂得用正確的方式回應，而是採取怒罵、指責或忽略；於是，孩子得不到連結，一次又一次，真我受傷了，漸漸產生了傷痛。當年齡越增長，傷痛可能越多，然後，為了避免被人掀開這些傷痛，就在外圍建構了保護層，藉此擋住他人看到內在的傷痕。

倘若保護層過於厚實，觸碰不到真我，就是不願意去了解自己，也表達不出真實的想法；當然，也接觸不到他人的真我，於是，很難真正與他人產生緊密的連結，以及建立親密的關係。

保護層的行為反應有很多種，最簡單的觀察方式：孩子是否願意在我們的面前展露出最真實的他。

親子間自在的相處

在國小的演講時，我很常用寫功課當作溝通的示範。久了之後，我發現一件很有趣的事情。我會邀請家長扮演成孩子，不過，只要我是扮演成爸爸的話，孩子的反應通常會是這樣：

孩子在房間裡寫功課，爸爸開門走進來，想關心寫功課的進度與狀況時，孩子明明是不想寫的，但是立刻會有武裝的反應；有的會立刻坐正，把正在玩的玩具快速地藏起來，假裝有在認真，或是回答「我馬上就寫好了，放心，我寫得很快」、「真的，你不用看，我快寫完了」、「我都會，你不用教我，爸爸去外面」，一副很不願意讓爸爸靠近，或是希望爸爸可以趕快離開的模樣。仔細一想，孩子的表現都顯示出，在爸爸的身旁是非常不自在的，甚至是會害怕的。

這種武裝的模樣，就是保護層的反應。只要一有武裝的防衛，真我就不會展露，於是，在爸媽面前可能會是另外一個樣子，很難表現出真正的自己，或說出真正的想法。

想跟孩子聊天，得到的通常是簡單的回覆；明明全家同樂，但孩子依然沉溺於手機；孩子一回到家就窩在房間，不想跟家人有交集；溝通時，孩子總是如同刺蝟般抗拒等。像這般的親子互動，表示孩子心中對爸媽有著保護層的防衛，於是，爸媽必須要著重於關係上的建立，而不是針對表面行為了。

理想中的親子相處，是希望孩子在爸媽面前：

• 能說出任何話，不需要擔心與害怕。
• 有負面的情緒，可以自然地表現出來，不管是抱怨、發洩、哭泣等，只要沒有碰到界線，都是被允許的。
• 知道自己是可以拒絕爸媽的要求的，也願意如實地說出原因與理由，無須說謊。
• 當有需要跟爸媽溝通時，皆能開誠布公、一來一往地對話。
• 知道可以安心做自己，爸媽是能夠接納任何面向的自己。
親子間的相處越是自在，孩子能夠呈現最真實的自己，表示保護層與傷痛層是少的，爸媽就越能夠與孩子的真我靠近，較為容易產生緊密連結與建立親密關係。

建立情感連結的深度

由伴侶或是親子之間的互動，可以透露出彼此的情感連結度是深還是淺，大概可分為四個層級：淺層、基礎、進階與深度。家人之間，最好是能夠到進階與深度，代表著情感連結度越是扎實。

- **淺層互動**：流於生活面，照顧三餐、給予金錢，認為沒事就是好事。容易用3C來餵養孩子，非必要時不太會有交流，甚至如同房客一般地相處。
- **基礎互動**：會聊天談話、會彼此互相關心，互動大致是著重在日常生活上，例如，功課、聯絡簿、日常花費、生活瑣事等。可能會提及工作、學校或是朋友的事情，但也不會談得太深，知道事情的大概即可。重視事情的處理與解決，對於人的關懷與情感的流動比較沒那麼在意，可能也是根深蒂固地覺得不重要，認為把該做的事做好，才是重要的。於是，經常以處理事情、解決問題為目標，可能會採取任意介入孩子的事情或不顧孩子感受的行為，導致家人間的界線時常是混亂的。
- **進階互動**：是基礎互動的進階版，重心依然是放在事情的處理上，可是，多了一層對人的理解。發生事情了，會聆聽、願意試著同理，更會想方設法找尋資源來幫助伴侶或孩子。努力營造家庭氛圍，也很用心地學習如何拉近家人間的關係。

只是，深受慣性的影響，很多時候同理的目的依然是說服；聆聽之後卻接著說出一連串的大道理；非常地用心但總是徒勞無功，時常感到挫折。

不過，進階版的互動，是通往深度互動的大門。所以，千萬不要放棄了。

• **深度互動**：家人之間的互動皆能自在地往對方的內心走去，清楚明白大家的界線，彼此互相尊重，但又能融洽地相處。

在界線的原則下，想說什麼就說什麼，闡述真實的想法，不用擔心後續會被不好地對待。不害怕家人間有衝突，因為根據經驗，明白衝突是磨合的過程，更是拉近情感的方式之一。如果認知到是自己的不對，也願意道歉，做出和解的舉動。即使有了負面情緒，無須隱瞞與躲藏，可以毫不保留地在家人面前展露。

在相處中，不用特別營造氣氛，家人之間有默契地知道這是專屬的家庭時光，沒有位階、沒有高高在上的權威，每個成員都明白自己在這個家中是重要的。窩在同一個空間裡，即便各做各的事，都不會覺得尷尬、緊張與不安；想分享、想開啟話題隨時都可以，一切都是如此地自然不刻意。

當有事情需要討論時，會以關心「人」為主軸，在乎的永遠是與自己對談的人，他的心情與感受是否安好；對於事情的處理，順序是排在家人的感受之後。當需要嚴肅地探究某件事情時，只要準備好了，就能夠毫無阻礙地深談下去；聊完後，會覺得更了解彼此，跟對方的關係更親近了。

家人間的緊密相處

我們可以利用以下的問題，檢視自己與家庭成員之間的相處：

- 家人間互動頻繁嗎？互動時是專心的嗎？友好的肢體接觸多嗎？
- 願意彼此分享心事嗎？無論是開心或不開心。
- 家人間會彼此釋出關心嗎？
- 彼此願意相互聆聽想法與心事嗎？
- 是否擁有全家聚在一起、專屬的家庭時光呢？

• 家人間能以平等的方式進行交流嗎？
• 在教養時，無論是夫妻或親子間，都能夠有良好與順暢的溝通嗎？
• 孩子在青春期時，依然願意跟爸媽互動、也願意一起外出嗎？
• 大家都發自內心地知道與家人互動比3C更為重要嗎？
• 在互動與對話時，能感受到愛在彼此之間流動嗎？

情感的連結，是家庭成員之間建立關係線一個很重要的核心。而要創造情感的連結，就必須要有頻繁與專注的互動。在忙碌的生活與工作之餘，一起試著做做看，畢竟，能夠與孩子建立關係連結的甜蜜期，也就只有幾年而已。

尊重且平等的對待

有一次的講座是全天的，主辦人員前來詢問是否需要訂中午的便當，由於我的習慣是講座前與中間是不太吃東西，於是婉拒了好意。可是，主辦人員依然熱心地說：「怎麼可以不吃，這樣你會餓耶。講課這麼辛苦，不吃東西怎麼會有體力，這樣會傷身體啦，多少要吃一點啦。」我接著說明自己有帶喝的東西果腹，不勞麻煩，但是他還是鍥而不捨地說：「不行啦，喝的怎麼會飽，還是要訂啦。」

我感到好氣又好笑，已經明確表達「我不需要」了，這位人員還是熱切地講出他的論點，希望我要接受。最後，中午休息時間到了，在我沒有要訂的情況下，他還是替我決定拿來了一個便當，可能是有預算吧。我謝謝他的熱心，收下了便當，等課程結束後再吃。

會用這個有趣的例子來破題，因為跟家庭成員的互動有些相似。

在先前講到家庭裡的相互關係裡，最為平衡、最能創造連結的狀態，是成員們皆為獨立且同等重要的存在。也因為如此，家庭成員之間的相處，能彼此相互「尊重」，而且是「平等」地對待每個人。

只是，家人之間要能夠做到尊重、平等，的確是有難度的。在平等上，因為爸媽有管教的職責，再加上深受上一代權威式管教的慣性影響，往往習慣用上對下的方式和孩子相處，就很容易在平等上失衡。如果是身處父權至上的家庭，夫妻之間的相處也可能是不平等的。

而在尊重上，畢竟，家人不是外人，我們在乎對方、關心對方，於是就會對對方有期待。比如「望子成龍、望女成鳳」，因為有了這份期待，爸媽很容易以「我這是為了你好」為理由，以為是在溝通，其實都是在說服，強迫孩子接受自己的觀點，產生了越線的舉動。然後，孩子因為自己的觀點不被接納，有了不受尊重的感受，內心滿是無奈與委屈。

尊重孩子的意見

我女兒從小就很有想法，三、四歲左右時，出門穿什麼衣服、襪子、鞋子，都要自己選。有主見固然很棒，只是當事情不合自己的意，生氣大哭是必然的，接著肯定會影響到後續的時間與行程。

有長輩看到了，直說我和老婆寵壞孩子，叫我們不能這麼慣著她，說「小時候就這麼『歡』，長大了會更難教。」我只有回：「不會啊，我覺得她是個有主見、有想法，又夠堅持的劃時代女性。」

人類有別於其他生物的關鍵之一，就是我們有自主意見。當孩子兩、三歲時，開始愛說不要，就是他的想法開始萌芽。如果爸媽為了方便，用權威的方式去抑制他的想法來配合爸媽，只會讓孩子產生「我的想法不重要」、「我的觀點可以被忽略」的念頭，這樣反而會讓孩子的自我價值感低落，成為一個只會聽話的人。

假使爸媽期望孩子在成年之前，只要聽自己的就好，那麼孩子如何在成年之後，懂得為自己作決策？搞不好，爸媽屆時還會責怪孩子怎麼一點主見也沒有呢。

孩子有想法是很棒的，但也因為未成熟，觀點比較自我，所以，在「事情界線」的責任歸屬上，有很多時候依然需要爸媽的引導。這時，過度地尊重孩子，就可能會變成放縱了。

不過，當孩子的想法是在衝撞界線時，爸媽在堅守底線的同時，也要給予更多的包容、理解與耐性。因為，當有主見的孩子的想法被爸媽維護了，才會認為自己的觀點是重要的，進而勇於表達，然後，再慢慢地調整自己衝撞的力道與方式。

我永遠都覺得，「**勇於挑戰父母的孩子，才會勇於挑戰世界**」。

對孩子的「平等」

「把孩子視為跟我們一樣、同為一個人的對待」是親子之間的平等原則。

一個人的感受，不會有大人與小孩之分，所以，我們不喜歡與不接受的感受，通常孩子也不會喜歡、也不會接受。比方爸爸對孩子說「我打你是為了你好」，但是，假使這句話是伴侶對我們說的，這是可以接受的嗎？我們聽了會喜歡嗎？

權威帶來位階，位階帶來距離，距離帶來隔閡，而隔閡會讓親子的中間，出現一道看不到也摸不到的高牆，阻礙了彼此的連結。因為有這堵牆的存在，明明看得到孩子，卻摸不著他；明明他就在旁邊，卻感覺離自己好遠好遠。

在現代家庭裡，權威感與以往相比消退了不少，平時家人之間的相處如同朋友。通常，權威是出現在管教的時刻。於是，在教養時，除了自身的情緒要能穩定之外，還要注意以下三步。

「尊重孩子的意願」是帶來平等的第一步

「爸爸有些話要跟你說，你願意聽嗎」、「我有事要找你，你現在有時間嗎」、「你現在正在生氣，相信是聽不進去的。等到你比較不生氣了，我再來找你，好嗎」，這些話語是在傳達尊重孩子是否想談的意願。

正在情緒上的孩子多半是拒絕的，可是，當他體會到爸媽釋出尊重其意願的善意，待情緒緩和些後，願意來談的機率是會增加的，而且，後續對話的順暢度也會提升喔。

當爸媽生氣時，把孩子叫過來唸一頓，但是孩子對爸媽頂撞，卻罵他「你這是什麼態度」，這種「只有我能這樣對你，但不准你這樣對我」的互動，就是種不平等的對待。

假使爸媽願意尊重孩子的意願，講話時的表情、語調與姿態都是很平和的，但孩子卻始終躲避著爸媽，問題可能是出自於雙方在過往發生的衝突中，在心中埋下了心結，進而影響到現在彼此的關係，爸媽需要從此處來著手。

而尊重孩子的意願，不僅是在管教時，平時也是很需要的，特別是面對青春期的孩子。「我們要去一個地方，你想去嗎」、「我想請你幫個忙，你現在有空嗎」，在孩子可決定的事情上如此詢問，皆是把孩子當成即將要邁入成人、一個獨立的個體看待。

「眼神平視」是帶來平等的第一步

當孩子願意與爸媽談話時，可以一起坐下來，眼神平視、看著對方。在教養時，當視角是帶著角度時，很容易會釋放權威的氣息。爸媽低著頭看孩子，他仰頭的視角會把爸媽的身軀放大，產生莫大的恐懼感。而當爸媽坐著，孩子站著，如同在辦公室的員工被老闆訓話。

我都會對孩子說「來，坐著，爸爸想跟你聊一下這件事」、「你不用站著，坐在你覺得最自在的位置就好」。假使孩子在我們的身旁感到渾身不自在，只想逃離，表示他對當下的狀態有了警戒心，心中有著高度的防衛機制。

爸媽講的話，他也不會想要聽，只是在等待時間流逝，那就很難產生連結了。

「考慮孩子的感受」是帶來平等的第三步

在與孩子說話前，我都會先試著想一想，「**我要對孩子說的話，如果是別人對我說的，我會喜歡嗎？我能接受嗎？**」假使答案是否定的，就試著換別的說法。

另一個我也會思考的是，「**如果是我自己小時候發生了這樣的事情，會希望爸媽可以怎麼對待我呢？**」說出跟做出自己也能接受的言行，相信孩子會更加樂意接受。

尊重與平等是基於接納

在演講時，有位爸爸問道：「我們都明白要對孩子放手，但是有些事情像是，跑來跑去可能會導致跌倒，叫他不要跑、用走的；講一遍、兩遍，講了好幾遍還是不聽，那怎麼辦？」

「你覺得孩子會這樣，是個性使然呢？還是故意的呢？」我感覺他對於孩子的無法做到，有些不解。

「嗯……應該是個性吧。」

「既然是個性，**你能允許自己接受孩子擁有這樣的個性嗎？**」

「但、但是，那些後果……」這位爸爸依然著重在事情的後果處理。

「我明白你的擔憂，我想先了解的是，你能允許自己的孩子是這樣的個性嗎？」我再問了一次。

「嗯……不允許。」這位爸爸想了一下才回答。

「這是他的個性，但你卻不允許，糾結的人是你，那麼，你的內在會很辛苦耶，怎麼辦？」

「唉……」這位爸爸輕聲地嘆了一口氣。

「然後，因為你的在意，對孩子有期許，他也可能因此而陷入糾結，又該如何呢？」

「不知道。」這次他停頓了比較久才說。

「如果這是我們大人內心的糾結，可能要先面對的是自己喔。」最後我說。

這位爸爸的不允許，可是與自身的過往經歷有關。只是，無論是神經粗線條的孩子、高敏感的孩子、天性害羞膽怯的孩子、好強不服輸的孩子等，這是他們的天生氣質，不是說改就能馬上改的。

假使爸媽不願意接受孩子是如此的個性，當發生狀況時，爸媽內在的糾結會升高為情緒的波動，心中有著滿滿的擔心、焦慮與煩惱，最後可能會轉變為生氣，甚至是憤怒，於是也容易在管教時，忽略掉了尊重與平等。

允許自己接受孩子的個性，不代表是放任。唯有爸媽是真心接受、願意接納孩子的原本樣貌，內在的糾結減少、情緒降緩，能較為淡定地看待孩子所發生的事，才能用平穩的情緒來應對，做到真正的尊重與平等。

當孩子的個性是被爸媽所接納的、允許的，自我價值感與認同感也會油然而生。

被認可的孩子，才會喜歡自己的性格，成為一個懂得愛自己的人。

接納不愛拍照的女兒

我女兒從小就很不愛拍照，只要看到有鏡頭照著她，絕對是轉頭背對。我嘗試過好幾次，講了又講，她不要就是不要。跟她說「這樣照片裡都沒有你，好可惜喔」，但是女兒表示無所謂。假使是偷拍的，她看到了鏡頭，肯定臭臉；當下沒看到但後來發現了，就會生氣。強迫她照相，她也會垮著一張臉，沒有笑容。問她原因，她回答得很簡單：「我就是不喜歡。」

我一開始也覺得女兒難搞，但是，後來意識到這是她天生的性格後，我問自己：

我能接受女兒最真實的模樣嗎？

我能允許女兒天生的個性就是如此嗎？

我的答案是，我能接受，也是允許的。愛她，就是愛她的全部，即便不符合我的期待，我也愛她。有了這一層的理解後，當我們想要拍照時，會先詢問女兒，她願意的話，那就一起；不願意，沒關係，我們自己拍就好。所以，我們很常問她：「女兒，我們拍一張合照就好，好嗎？其他的你想拍再拍；如果你不想拍，也沒關係。」

很奇妙的是，當我們把選擇權還到女兒的手裡，她感受到我們的接納與尊重後，後來願意拍照的次數就變多了，而且，在照片裡的笑容也增加了——只有願意，才會發自內心地笑。

夫妻之間的尊重與平等

夫妻之間，要做到尊重與平等，基本的大原則就是「不要認為對方『應該』要如何。」比方說，「你應該要懂我」、「照顧孩子與家事應該是太太的責任」、「先生應該要負擔家裡所有的開銷」。因為，當我們的心中認為對方「應該」要如何時，就會產生了期待。這個期待不是共識，而是強壓在伴侶身上的單方面要求。

夫妻同為家庭的共同持有者，各持百分之五十的股份，沒有位階區分，兩人是相互尊重且平等的。一起為了家庭而努力，不比較誰付出得多或少，也不把對方的行為視為理所當然，包括家事都是一起的事。有任何在意的事情，皆能透過討論而取得共識。

而時常跟對方說謝謝，也是尊重與平等的最佳展現。

夫妻的相處，不是像公司開會一般，特地為了某個專案而相聚。應該是每天都要有專屬於夫妻倆的獨處時光，兩人一同分享當日發生的所有事，閒聊般地講述任何話題，不侷限於孩子與家裡的瑣事，可以談談未來、工作、夢想、想法與興趣等。

自從我離開職場後，白天有很多時間待在家，平日的中午等於是我與老婆的小約會，一起吃飯、聊天；睡前的短暫時刻，我與老婆也很常談天說地或一同追劇，這些都能為我們製造更多的話題。如果要挑選出一個與我無話不談的人，那就是我老婆了。

夫妻之間在平時已然有著順暢的互動、暢所欲言的默契，當討論重要或嚴肅的事情，或有衝突需要磨合時，才能夠比較平和地進行。

由於溝通的重點是「在想法的傳遞中，嘗試相互理解」，於是，夫妻之間要能多傾聽、多站在對方的角度來思考，然後，少批判、少給建議與講道理。

有次與朋友聚餐，一位男性友人的太太半開玩笑地說：「每次聽他（先生）在高談闊論，向我分析跟說教，我就會滿肚子火。」聽到這句話，有些好奇的我，問了一句：「你覺得自己是在生氣什麼呢？」友人的太太只講了一句：「我又不是小孩子，他為何要一副高高在上、命令我的樣子？」深聊後，她也透露，從小看到自己的爸媽有了爭執，永遠是爸爸在指責媽媽、批評媽媽，媽媽被罵得很難過，但不敢回嘴的模樣，她感到相當不滿。她討厭這樣的爸爸，也生氣不敢抵抗的媽媽，於是，她告訴自己，長大後不可以成為這樣的女性。

分析、建議與講大道理，在對方沒有意願聽的情況下，多少有些強迫的意味。通常是沒有惡意的，但卻會在無意間傳遞著「我說的是對的，你是錯的；

我的話是為了你好，怎麼不聽呢」的高位姿態。

我曾經也犯過這樣的錯誤。有段時間在教養議題上，一聽到老婆的抱怨，就立即給予建議與分析。有次老婆很生氣地說：「我是你的老婆，不是你的聽眾，請當我的老公，聽我說就好了。」真的很謝謝老婆的提醒，讓我意識到這個盲點，能夠在往後做出改變。

夫妻的共同興趣與話題

在另一次的講座後，有位媽媽表示自己跟先生的工作時間不同，相處時間很少；即便兩人都在家，但先生因為很累，不是在睡覺就是在打電動，導致兩人很少有交集，各過各的生活，除了小孩的事外，彷彿無話可說了。她接著詢問：「我是否要為了先生去了解他的喜好，培養夫妻的共同興趣，增加彼此的話題呢？」

我初步的回答是：「在你有意願的情況下，當然是可以的囉。」意思是，重點在於自己想與不想，而不是為了拉近伴侶關係而強迫自己迎合。

在親子天下 Podcast 節目、由鄧惠文醫師與陳品皓臨床心理師所主持的「關係相談所」中，第九十集裡就有提到相近的觀點。鄧醫師在節目裡說：「不要把夫妻要不要有共同的興趣當成是問題的主體，而是夫妻對彼此有沒有興趣；只要有興趣，自然什麼都好。」

只要夫妻的關係夠好、連結夠深，即便沒有共同的興趣，對方說什麼，自己自然就會很想聽、很好奇。而建立關係與創造連結，需要從相處開始；這個相處要是自願的、自在的、放鬆的，沒有絲毫的強迫、委屈與討好。

所以，先試著增加相處的時間，同時進行著一來一回的平和聊天與分享，從基礎互動，慢慢進步到深度互動；鄧醫師也說：「感情是在分享當中變好。」

如果伴侶連與自己做簡單的互動都不想的話，可能要把在相處上的根源問題找出來，才是重要的。

無條件地給予孩子安全感

有位媽媽曾在我的臉書粉專上留言發問：「先生說，你（媽媽）不罵他（孩子），他以後怎麼適應社會？社會上的人不會像我們一樣對他這麼好。不要把孩子養成了溫室的花朵，出社會後，一點挫折都忍受不了。關於老公說的，我不知道要怎麼回耶？」

我們或許聽過獅子為了訓練自己的小孩，把小獅子推下懸崖藉此來鍛鍊生存能力的故事。可是，假使我們只著重在運用環境來訓練孩子的外在能力，卻也可能忽略了對於人類來說，同等重要的「內在能力」。

陳品皓臨床心理師的著作《心理韌性》中有寫到：「培養孩子的心理素質，能讓孩子在變動所帶來的挑戰與挫折中，可以持續具備進化、自我升級的心態。」

也就是說，「內在能力」是一種強大的心理素質，是讓孩子的心中擁有「越挫越勇」、「不屈不撓」、「勝不驕敗不餒」等堅毅勇敢的韌性。

該怎麼培養孩子的內在能力呢？馬偕兒童醫院小兒感染科黃瑽寧醫師曾說：「打造孩子心理韌性的最佳環境，就是擁有一個安全的家，以及願意傾聽、願意溝通的陪伴者。」

所謂安全的家，是在孩子長大成人之前，待在爸媽所建構出來的安全堡壘裡面，感受到被包容、被接納、被理解，以及無條件的愛。當孩子在堡壘裡有這些感受，他的內在能量就會很充沛、很強大，自我價值感、認同感與歸屬感，都會是足夠的。

當孩子在成年後、打開堡壘的門向外走去，面對社會上的苦難與挑戰，心裡固然會感到難受，但只要一想到自己的身後有兩個無條件愛自己、支持並相信自己的人，他會感到溫暖，血條又會被補滿了，再次充滿勇氣來迎戰。

當孩子在外面感到疲累、勇氣用完了，他會願意回到曾經有過愛與關懷的堡壘裡充電。直到充飽了，向爸媽揮揮手，又再度往外闖蕩，邁向自己的人生道路。同時，他不用透過成功才能證明自己是有價值的，因為，從小在愛的環境中長大，他已懂得如何欣賞自己與肯定自己了。

在外面世界生活已經很辛苦了，爸媽不用再創造苦難給孩子，只要給他愛就足夠了。

無條件的愛不是放任

權威體制下長大的我們，看事情比較容易只有「零」跟「一」，沒有中間值。這種一刀畫開、只有「嚴格管教」與「放任溺愛」兩個天平的極端、沒有其他選項的教養方式，是傳統教養的盲點。

而且，這種管教多半採取恐嚇，認為只有讓孩子害怕，才是教養；不處罰孩子，就是沒在管，是在放任他。於是，給予孩子「無條件的愛」可能會跟「寵溺」畫上等號。認為不打不罵的教養，就是讓他無理取鬧、任性跋扈，變成小霸王；「嚴父出孝子，慈母多敗兒」便是類似的觀點。如同先前所提過的，我一開始當爸爸時，也有如此的觀念。

後來我才發現，原來無條件的愛不是溺愛，也不是放任；而是帶著包容與接納的愛，接受孩子的個性與情緒，允許孩子是個會犯錯的人。在愛他與包容他的同時，堅守著管教的界線，好好溝通。有必要時，實施著溫和且堅定的正向教養。

無條件的愛，是當孩子犯了錯、有了情緒時，在他被管教的當下，依然能相信、也能體會到爸媽是愛他的。

教養，也可以表達愛

有次，女兒自己有了情緒，卻對我亂發脾氣，當下的我也是不開心的。我們在情緒平穩後簡短地對話了一下，我問了一句：「女兒，你下次生氣了，覺得可以怎麼做來讓自己的心情好一點，而不是對著爸爸發脾氣呢？」女兒想了一想後，沒有說話，只有搖頭。

「你的搖頭，是因為擔心自己說了方法，卻沒能做到，是嗎？」依照對女兒的了解，我做了猜測。

「嗯。」女兒先點點頭，再接著說：「其實，我自己也知道，我在外面面對老師跟同學時，都表現得很好，可是在家裡，有時會忍不住對你們發脾氣。爸爸，我好想要自己在家裡的時候，跟在學校是一樣的。」

「只是，每個人在家裡跟在外面，本來就會不一樣啊。你怎麼會有這樣的想法呢？」我問。

「因為，我不想對你發脾氣。」

「所以，你剛剛對爸爸發了脾氣，有些後悔，是嗎？」

「對啊。」女兒一副快要流淚的模樣，我趕緊抱住她。

「寶貝女兒，爸爸不開心的是你後續對我的行為，不是你生氣這件事。你是可以生氣的，知道嗎？」

「我知道，但是你、媽媽跟哥哥都是最愛我的人，我想要對你們更好。」

「女兒，你有這樣的想法，爸爸好感動喔。」我繼續說：「爸爸希望你在我面前是可以如實地做自己的。在我的身旁，你可以生氣、可以難過，也可以發脾氣，只要不傷害人、不影響人，沒有把我們當成發洩的對象就好。無論你是什麼樣個性，爸爸都好愛好愛你喔。」我緊緊抱著她。

有位朋友說他的孩子很堅強，都不會哭。一個孩子能勇於面對未知的世界，是很棒的。可是，我希望孩子的堅強，不是內心有了難過、緊張、不安都是往肚裡吞，告訴自己「我不可以怕」、「這沒什麼好緊張的」、「我不能哭」、「沒事的，我很好」。

我希望孩子的堅強，是能在愛他的人面前，難過了會流淚；不安了能討抱；遇到挫折了能訴苦；煩躁了能抱怨。在所愛的人面前，如實地展露最真實的自己。抒發完了，充飽電了，再度勇往直前，迎向挑戰。

有寬度的堅強，來自於強大的內在；而內在的強大，是建構在無條件被包容、被理解的愛之上。

親子間的依附關係

在「家庭成員的情感連接」章節中有提到，孩子在嬰兒時期就透過哭聲渴望與爸媽有連結。在產生連結的過程中，爸媽與孩子也會建立起屬於親子間的依附關係。

發展心理學家瑪麗・愛因斯沃斯（Mary Ainsworth）曾設計出一個陌生情境測驗。研究人員請媽媽先帶著一歲多的幼兒在遊戲室，待了一會兒後，請媽媽短暫離開，由另一位陌生的研究人員照顧孩子一段時間。藉此觀察孩子在媽媽離開後以及媽媽再回來時的反應，導出三種嬰幼兒依附關係。

• **安全依附關係**：媽媽在的時候，孩子能安心地探索玩樂。媽媽離開時，孩子會表現出適當的哭泣，一段時間後，是可以被安撫的，也能跟研究人員玩些簡單的遊戲。等媽媽回來後，便馬上笑著回應或是哭著撲過去抱著媽媽，情緒恢復後，還有可能繼續剛剛的遊戲。

• **焦慮依附關係**：媽媽離開時，孩子會展現出強烈的負面情緒，像是爆哭、尖叫。等媽媽回來後，孩子可能會大發脾氣，甚至有出手打媽媽、踢媽媽等攻擊行為，表現出既憤怒又依賴的矛盾感，無法輕易被安撫。

• **逃避依附關係**：在媽媽離開與回來時，孩子的反應很不明顯，裝作沒事，不會亂哭，或者是假裝沒看見媽媽已經回來了；也很少主動接近媽媽，從外表上很難看出任何的情緒反應。

黃璁寧醫師在 YouTube 頻道【黃璁寧醫師健康講堂】中的一個影片*提到，上述這群被研究的嬰幼兒長大了，到了十六歲交男女朋友時，與他們親密對象相依附的模式，竟然會複製他們童年跟主要照顧者的依附關係。

安全依附型的孩子，長大後面對自己的親密對象，分開時會想念、會難過，但依然能夠獨立完成自己的事情；再次相處的時候，依然很親密，關係是健康的。

焦慮依附型的人跟親密對象相處時，你儂我儂，但是在分開時，卻顯得很不安；如果對方不回電、不告知行蹤，就會生氣、暴躁、奪命連環call，甚至有攻擊的行為。

而逃避依附型的人對自己的伴侶會假裝很堅強，裝作不需要有親密關係，但實際上他的內心卻是焦躁跟脆弱的。

所以，如果希望孩子面對將來的親密對象，比如好朋友或伴侶，甚至衍生至將來面對他自己的小孩，是能夠擁有一個健康的關係，跟家中的成員皆能有緊密的連結，就需要在他小的時候，與爸媽建立起安全依附關係。

建立孩子的安全感

安全依附的關係，能讓孩子的心中獲得穩固的安全感。

擁有安全感的孩子，年幼時，只要爸媽在身旁，便會感到安心，自在地探索環境。青春期時，相信自己的爸媽理解自己、支持自己、信任自己；在家是自在的，在外也能讓爸媽感到放心。成年了，離開安全堡壘了，明白自己的身後有兩個會永遠無條件愛他的人，會更加勇於面對挑戰。

所以，爸媽提供孩子安全感，不是只有在學齡前，只要是在孩子成年之前都是需要的，只是需求會依階段有所不同罷了。

要建立孩子的安全感，形成安全依附關係，就要讓孩子在心理上感到「**安穩、沒有焦慮，以及這是個可預期的環境**」，而這個環境就是家庭成員們所組成的一個充滿愛的家。

夫妻之間的良好溝通

爸媽就是家的支柱，如同籃球場上的兩個裁判，假使裁判的吹判不一，甚至直接在球場上吵了起來，相信球員們都會感到不知所措。

夫妻生長於不同的家庭，價值觀與教養觀念肯定會有所不同，但時常爭執或爭吵的話，被孩子看在眼裡，孩子會感受到他的世界彷彿在崩塌，內心肯定有著許多焦慮。

夫妻意見不合時，依循平時的聊天習慣，情緒穩定地溝通。不在孩子的面前爭吵，盡量趁孩子不在或睡覺時再進行；假使還是發生衝突了，也要能夠在孩子面前設下停損點，即時暫停，再私下找機會平和討論。

親子頻繁且親密的對話習慣

時常與孩子聊天，最好能分享彼此的心事。互動時，減少說教的言語。對話時，有著一來一往的正向溝通。交流時，能有自然的肢體接觸，給予擁抱。讓孩子跟爸媽的相處是安穩與自在的。

況且，當孩子的內心有煩惱時，是相當需要從過往親子間累積的「安全感」經驗中，知道爸媽會承接住自己，然後，更安心地說出口。

管教標準的一致

假使爸媽的管教會因為心情好壞而有所不同，例如同樣的事情，昨天放過但今天處罰，於是當孩子犯了錯，由於沒有明確的框架準則，容易感到無所適從。他會從一開始的不安、緊張與擔心，到後來隨著經驗的累積，存著僥倖與鑽漏洞的心態。

設定好管教的界線，決定哪些事情要放手、哪些要介入，皆不會因為自己的心情而改變標準，更不會因為孩子的要賴而妥協，讓孩子知道爸媽的這條線是堅定且一致的。

提供給孩子無條件的愛

孩子考得好，爸媽稱讚；沒考好，只有責備。

孩子願意分享，爸媽說他大方；不願意分享，直說小氣。

孩子專心上課，爸媽覺得理所當然；上課分心講話，回家後處罰不斷。

上述的對待，只會讓孩子有種認知：「唯有表現好、成績好，符合爸媽的期待，才能獲得愛。沒有達到爸媽的要求與期望，就會得到批評、責備與處罰，進而認為自己是個糟糕的孩子，很不安，是不值得被愛」。這些是屬於「有條件的愛」。

於是，「愛，是要用行為表現換來的」成為孩子的價值觀，往後，總是辛苦地滿足他人的期待，而越來越少關注自己。

對孩子有期許是正常的，可是，當他沒能達到爸媽的期望時，也是一個值得被爸媽所愛的人。讓孩子體會到，即便他沒考好、不願意分享、上課講話，爸媽也會陪著他、管教他、引導他，一起看看能怎麼做會更好。即便表現得不好，爸媽依然愛孩子，願意接納全部的他。

給予孩子無條件的愛，接受孩子原本的模樣，對於發生的事，皆能以平常心與平穩的情緒來看待。而且，不用金錢或物質來當作誘因，跟孩子談條件交換，企圖把他捏成爸媽心中的樣子。

穩定且適度地回應孩子的情緒

孩子的情緒，其實是在傳遞內心未滿足的需求。嬰孩兒的哭聲、孩童的生氣、青少年的不耐煩，皆是如此。於是，當孩子有了情緒，能獲得爸媽穩定且適度的回應，他的感受會是「你看到我了、你很重視我、你是關心我的」，就會感到放心與安心。

倘若我們的回應是「再哭試試看，就打下去囉」、「這有什麼好生氣的」、「你這是什麼態度」，孩子內心湧出的是恐懼與害怕，於是，焦慮感開始擴大，在爸媽的身旁不再感到安全。

情緒，是一個人的本能，只要是沒有傷害人、影響人，都是中性的，沒有好壞之分，不應該被否定、被批評。所以，當我在面對孩子的情緒時，都會思考著：

- 孩子有了情緒，他會覺得我們是愛他、理解他的嗎？
- 孩子有了情緒，他會感覺到在我們身旁是自在的、是安心的嗎？

• 孩子有了情緒，他能感覺到自己是能擁有這份情緒的嗎？

換個角度來想，如果這個有情緒的人是我們自己，我們會希望最愛的人如何對待我們呢？答案應該是理解、同理、傾聽與陪伴。「感受」不會因為大人與孩子的身分而有差異；我們渴望被對待的方式，孩子也是渴望的。

當孩子有情緒了，能被最愛的人包容、理解、接納與同理，絕對是件超級幸福的事了。

當我們試著做到上述幾點，讓孩子待在我們的身旁、窩在我們的家，在感受上是安穩、沒有焦慮，以及可預期的，這是在一點一滴培養他心中的安全感，成為內在能力強大的人。

＊影片標題：不想孩子遇到恐怖情人，關鍵可能在父母身上！尊重孩子身心意願，五個方法建立親子的安全依附關係—黃瑽寧醫師健康講堂。連結：https://reurl.cc/AAWO88

解開過去的心結，產生新的連結

前面提到，倘若親子間有著無形的距離，感覺上有隔閡，很難坦露真心，表示存在著保護層。保護層的目的是為了捍衛自己不再受傷，也代表可能是有心結的。而這個心結，通常是從過往的相處經驗而產生的。

比方說，親子平時的關係很好，但可能爸媽因為某件事情凶了孩子，令他生氣了。之後想要跟孩子講話，孩子卻呈現拒絕的姿態。這時應該怎麼做呢？可以試著用以下的示範來突破保護層。

「孩子，你還有在生爸爸的氣嗎？」在自己的情緒穩定後，去找孩子。

「有。」孩子說。

「你有想跟爸爸談一談嗎？」

「不想。」他的立場很堅定，表示還在生氣。

「好吧，如果你現在不想談，也沒有關係。」先尊重他的意願，接著說：「爸爸來找你，是因為我覺得剛剛跟你說話的口氣不是很好，有些懊惱。其實，我不應該對你這麼兇的。所以，你會生我的氣，是能理解的。」稍微停頓一下，看看孩子的反應，再繼續說：「等一下你沒有那麼生氣了，爸爸再來問你好了。關於那件事情，我只是有些擔心而已，想聽聽看你的想法，沒有要罵你或唸你什麼的。如果你現在不想談的話，我們晚點再說吧。」拍一拍他的肩膀後就直接離開，然後，等他與觀察他。

倘若親子關係原本就是緊密的，因為一個衝突事件而導致溝通不良，其實，只要爸媽放下身段，釋出尊重的善意與對孩子的歉意，相信會更加靠近彼此。待孩子的情緒過後，他多少是願意談的。

孩子聽了不習慣

如果親子之間的隔閡有點大，在生活中彼此的互動與溝通都有變少，爸媽也很難跟孩子聊內心話；或是爸媽想要嘗試與孩子連結，透過講座與教養書籍的洗禮，改變對孩子說話的方式與語調，可是孩子卻不領情地說「你這樣講話好奇怪喔」、「哎喲，好噁心喔」、「你可不可以不要這樣子跟我說話，請你恢復，好嗎」，這會讓想要變得更好的爸媽，更加挫敗。

不過，這樣的經歷是一定會有的，我也曾經有過類似的經驗，因為，我們早就被長期的慣性影響了。幾年前，開始學習薩提爾時，我刻意用與平時不同的說話語調來跟孩子說話，結果，他們聽了不習慣，連我自己都覺得卡卡怪怪的，反倒讓兒子跟女兒更加抗拒與我對話。

可是，爸媽不能因此感到氣餒就放棄了，一定要持續堅持練習，慢慢地把「平時相處的說話方式」與「溝通對話的講話語調」的落差不斷拉近，漸漸讓孩子感覺不出差異。爸媽平時就是這樣跟孩子說話了，當需要開啟教養對話時，孩子也就不會覺得奇怪了。當然，要能夠在任何時刻皆以平穩的方式來跟孩子說話，表示在心境上也是足夠穩定的。

有次講座，我示範如何用有溫度的方式來與孩子說話，有位媽媽立刻說：「澤爸，孩子如果說『你這樣講話好噁心喔』，怎麼辦？」

「孩子有跟你講過類似的話嗎？」我反問。

「有啊。」這位媽媽回答。

接下來，我邀請這位媽媽來扮演孩子，而我扮演她，看看聽到孩子這麼說了，可以如何突破他的心防，繼續對話下去。

「是喔，孩子，你覺得媽媽剛剛這樣講話有些奇怪，是嗎？」我扮演媽媽。

「對啊，超怪的。」媽媽扮演成孩子說。

「我知道啊，因為我自己也有些不太習慣。」我說。

「那你就不要這樣子講話啊。」孩子說

「孩子，你感到不習慣，我是理解的。只是，媽媽發現到，之前我一生氣，就會開口唸你、罵你，每次說出口後，我實在很後悔。」稍微停頓一下，看著孩子說：「孩子，你喜歡媽媽之前對你說話的方式嗎？」

「不喜歡。」

「嗯，我也不喜歡，所以，媽媽才想要改變。」再停頓一下，繼續說：「這個改變，可能會讓我們兩個都覺得有些奇怪，可是，我想要好好跟你說話，因為我很愛你、很在乎你的感受。所以，這段時間，你陪媽媽練習一下，好嗎？」

「好啦。」

後來，我問這位媽媽：「如果你是孩子，是否比較願意開始接受媽媽的改變呢？」

「會比較願意。」媽媽說。

「原因是什麼呢？」

「有感受到媽媽想要與我連結的真心。」

解開過去的心結

有位爸爸在某次演講後，靜靜地等著所有人都問完問題了，才臉帶羞澀、緩緩地走到我的面前。我有注意到他，發現了他的舉動，更好奇他想跟我說什麼呢？

「澤爸，你好喔。」他左顧右盼了一下。

「你好。」我示意地點了點頭。

「想問你一個問題，不知道方不方便？」他還是很客氣。

「可以啊，請說。」

「就是……如果要跟孩子道歉，該怎麼說會比較好？」

「你們有發生什麼事情嗎？」

「之前……（過程省略）……，後來我太生氣了，很大力地打了她。我馬上後悔了，但是因為我還在生氣，嘴上仍然罵了幾句，就離開了。」

「然後呢？你跟孩子的相處有變化嗎？以及，孩子多大？」我會這麼問，是因為越大的孩子可能會越不想跟爸爸說話。

「她是女生，小學三年級。後來，我們裝作沒事發生一樣，但是我的心中始終有個芥蒂。」

「所以，你心中有後悔嗎？」

「是啊。很後悔，但是又不知道該怎麼跟她表達。」

「爸爸，我覺得你很棒耶，有想要與孩子和解的心。我們都是有了孩子之後，才開始學習當爸媽的，所以，一定會犯錯的。做不對了，內心會後悔、會挫折，這也是正常的。所以，你已經很棒了。」我接著問：「爸爸，你說你想要跟孩子道歉，卻不知道該怎麼說。你有試過嗎？」

「沒有，不知道該怎麼開頭。即使開了頭，也不知道要怎麼說。」

「介不介意你假裝是你的女兒，而我是你。我們來模擬一下，請你用女兒的角度來對話看看呢？」我邀請他來試一試。

「女兒啊，你現在有空嗎？」我扮成爸爸先開口。

「嗯，有啊。」這位爸爸扮成女兒。

「女兒，你還記得上次我跟你起爭執的事情嗎？」

「記得。」

「爸爸想跟你聊一下，你願意嗎？」詢問她的意願。

「好啊，你要跟我聊什麼？」

「那次，爸爸有打了你，記得嗎？」

「記得啊。」

「那麼，你還有生爸爸的氣嗎？」

「還好。」

「還好的意思是，你想到時，依然有些生氣？還是，已經不氣了呢？」

「不知道。」想了一下。

「你回答不知道，是因為不知道該怎麼回答嗎？」我反問。

「嗯。」爸爸扮成的女兒點點頭。

「謝謝你告訴我。」我頓了一下，繼續說：「爸爸會問你，只是想要關心你的想法與感受。其實，不管你有沒有生我的氣，爸爸都想要跟你道歉。女兒啊，對不起。爸爸上次因為太生氣，打了你，真的對不起。你當時很痛嗎？」

「嗯。」她略略地點了點頭。

「爸爸因為你那時的表情與舉動，內心好生氣，不過，爸爸不能夠因為生氣，就動手打你，這絕對是我的不對。爸爸希望可以得到你的原諒。」我再說道：「你是我們家第一個小孩，我也是第一次當爸爸。所以，很多事情爸爸也在學，過程中，也會犯錯。這幾天，雖然我們好像沒事一樣，但是，我因為自己犯的錯，感覺非常後悔，只是，一直不敢來跟你說。」我再停頓了一下，說道：「爸爸想了好久，下次如果我們又發生了類似的狀況，爸爸生氣了，會試著用別的方式來處理，甚至是直接走開，等我們都冷靜了再說。爸爸保證，不會再發生上次的事了，請你相信我，好嗎？」

「好。」

「女兒，你願意原諒爸爸嗎？」我最後再問。

「爸爸，如果你是女兒的話，是願意原諒的嗎？」模擬完畢，我跳脫出來，問問他的感覺。

「會，我會原諒的。」他點頭。

「是什麼原因，會讓你願意原諒呢？」

「很真誠的感覺。」

「是啊，爸爸。道歉的時候，就誠摯地說出內心的話，相信孩子一定會感受到。」這位爸爸真的超棒，我內心都因為他鼓起勇氣地詢問，而深受感動。

孩子，你的原諒對我而言很重要

親子之間起爭執了，事後裝作沒有發生過一樣地繼續相處，讓時間沖淡一切。問問自己，沒事真的是好事嗎？習慣壓抑情緒、把心事鎖進盒子裡，等日後不小心打開了，開始翻舊帳，會不會反而造成更大的衝突和傷害呢？

假使孩子的心結，與過往爸媽對待他的方式有關，就真誠地和解吧。只要他曾經受過的傷，被爸媽的真心誠意給撫平了，保護層的厚度也會因此減少，願意開啟心門，讓爸媽走進去。於是，便有機會重新連結了。

願意在孩子面前認錯，願意為了孩子而調整，是在展現平等的關係，也等於是告訴孩子：我跟你一樣都是會犯錯的，都渴望能夠被自己最愛的人諒解。

孩子，你就是我最愛的人，你的原諒，對我而言很重要。

行為背後的內在需求

個體心理學學派創始人阿德勒認為「每個人的行為都有其目的性。」也就是說，每個行為的背後，往往都有其動機與原因，可能是為了滿足心中無法說出口的需求。

比如，起身去翻冰箱是因為肚子餓了，打開電風扇是因為感覺到熱了；再進階一些，本來在半夜追劇，卻願意主動收起手機，是為了健康著想，也不想要隔天起不來而影響工作。

而越是深層的內在動機，說不定連自己都不清楚為什麼會這樣。

我認識一位長輩，被周遭的朋友稱為「好好先生」，很少看到他有脾氣，不管任何人說什麼都不會生氣。過了十多年再相遇，卻覺得他的性格變了好多。那次與他一同出遊，逛知名老街，旁邊有一個攤位在販賣酸梅汁。這位長輩看到攤位前裝著幾個很像是試喝用的小杯子，自己拿起一杯就直接喝了。沒想到，攤位的老闆嘮叨了幾句「不會問一下嗎？這麼自動。」依照我印象中長輩的個性，他應該是連聲道歉，然後，默默離開。可是，這次他卻出乎意料地大吼回擊：「喝一下不行喔，有必要這樣子說話嗎，你是怎麼做生意的啊！」後來我們其他人幫忙緩和氣氛，把他拉走。但即便已經離開了，長輩還是氣憤不已，跟我原本對他的印象，相差甚遠。

後來，稍微與這位長輩深聊，得知他的憤怒來自於「不受尊重」。之所以會有這麼大的情緒，長輩說：「我已經忍了一輩子，都活這麼大年紀了，不想再忍了。」原來，他的改變與爆炸是來自於長期的壓抑，而內心深處的需求是渴望被他人尊重。

連結手足的需求

某天下午，兒子跟女兒兩人一起在玩樂，妹妹拿著塑膠滴管，假裝噴水追著哥哥，哥哥邊跑邊笑，好不快樂。

後來，在外吃完晚餐，回到家後，妹妹再次拿起滴管，作勢要滴哥哥，可是，哥哥這次卻是帶著嚴肅的口吻說：「你不要碰到我喔，碰到我，你就完蛋了。」妹妹沒有要暫停的意思，甚至把滴管往哥哥的方向前傾，然後，不小心滴水滴到了哥哥。哥哥相當生氣，直接拿起一旁的水杯，往妹妹的身上潑去。

我聽到了聲響，先制止了他們，等大家都冷靜了之後再談。

「哥哥，你剛剛在氣什麼？」我了解整個事情的過程後，先問兒子。

「我已經跟她說過了，她還是故意。」兒子很生氣的樣子。

「她故意什麼呢？」

「故意把水滴出來。」

「我沒有，是水自己滴下來的。」女兒搶著解釋。

「妹妹，爸爸問你喔，是什麼原因哥哥已經說不要了，你還要拿著滴管擺在哥哥的面前呢？」我轉為問女兒。

「我想嚇他。」女兒說。

「你所說的嚇，是希望跟哥哥有著怎麼樣的互動嗎？」我聯想到他們下午也是妹妹追著哥哥在玩。

「想要跟哥哥像在下午一樣地玩。」

「所以，因為下午你跟哥哥玩得很開心，所以一回來也想要再跟哥哥玩，是嗎？」我重新核對妹妹的意思。

「嗯。」女兒點點頭。

「哥哥，你還記得下午跟妹妹一起玩的遊戲嗎？」我再次回問兒子。

「記得。」兒子說。

「是什麼原因，你下午的時候，可以開心地跟妹妹玩，但是，剛剛卻有點嚴厲呢？」

「因為我有點累了。」

「所以，你會凶，是因為希望妹妹怎麼樣呢？」

「可以體諒我，讓我休息一下。」

「如果你沒有這麼累，是願意跟妹妹玩的嗎？」

「我願意啊。」

透過一番詢問之後，明白他們衝突背後的需求是什麼。**妹妹希望可以跟哥哥再次開心地玩，而哥哥則是希望妹妹能夠體諒他，看到他的疲累。**於是，我試著向兩人點出彼此的需求。

「兒子，妹妹她不是有意的，只是因為下午跟你玩得好開心，很想要再跟你玩而已。」我向兒子說出妹妹的需求。

「女兒，哥哥他是很樂意跟你一起玩的，只是因為有些累了，所以，才會有些情緒罷了。」我向女兒說出哥哥的需求。

「哥哥，你感覺累了，妹妹知道嗎？」我問兒子。

「不知道。」兒子說。

「妹妹，你想要跟哥哥玩，哥哥知道嗎？」我問女兒。

「不知道。」女兒說。

「你們現在知道了對方真正的想法，還有生氣嗎？」

「沒有了。」兩人一起回答。

「那就好。其實，你們都很在意對方，只是沒有好好把內心的想法完整說出來而已。」

後來，我們練習了一下可以如何表達，再把弄濕的地板擦拭了一下，睡前，一起開心玩個桌遊，結束一天。

通常，內心深處的需求是渴望與他人有連結，可是，在不知道如何好好表達的情況下，很容易造成誤解。只要能夠知道內在的需求是什麼，做出適當的溝通，誤解比較能化開，情緒也會緩和，因為，明白對方的心意，可以拉近彼此的距離，建立連結。

內在深處的需求

胡展誥諮商心理師在著作《說不出口的，更需要被聽懂》中提及了「內在主要的三種需求，它們分別是：歸屬感、價值感、希望感。」再根據我多年在親職領域上的經驗，我覺得還可以再加上「認同感」。以下是依照胡展誥諮商心理師在著作裡的描述，以及我個人的認知，針對這四種需求所做出的定義。

- **歸屬感**：自己與他人之間的正向關係。對象可以是個人、某一個團體，甚至是與某一個環境的連結。
- **價值感**：自己是如何看待自己的主觀感受。價值感的來源通常是發自內在或來自他人；擁有歸屬感的人，通常價值感也會提升。
- **認同感**：他人是如何看待自己的觀點，是價值感的來源之一。當自我價值感不足時，會渴望從他人身上獲得認同。
- **幸福感**：自己與未來之間的關係。在我們心中扮演著燈塔的角色，具備往特定的方向前進的動力。

這些需求，皆是環環相扣且互相影響，或是同時存在的。想知道詳細的內涵，歡迎參考胡展誥諮商心理師的著作。

一個人的行為會暴露內心深處的需求，可能是對於這些需求的渴望，才會不自覺地去追尋。舉例來說，同樣的考試作弊行為，只要孩子的內心需求不同，他的目的與動機就不同。

外在行為	內心深處的需求	目的與動機
考試作弊	歸屬感	想要跟成績好的同學建立關係 想要透過好成績來得到爸媽的關注
	價值感	想要證明自己是厲害的
	認同感	想要被同學稱讚與羨慕
	幸福感	想要得到爸爸提供的獎金

當我們想要與孩子對話、探索他的內在時，往往他內心的真實「需求」都躲藏在反抗行為（指責、暴怒、辯解、唱反調、冷漠）與負面情緒（生氣、煩躁、難過、擔心）等自我防衛機制之下。由於需求被掩蓋住了，很難被察覺到，如同前面所提及的長輩，他對著攤販大吼，其實是內心渴望獲得被尊重的歸屬感。

當我們想要透過表達來與家人產生連結時，一定要嘗試撥開這些反抗行為與負面情緒，思考一下「他會有這樣的反應，是渴望滿足哪種需求呢？」當知道是哪種需求了，我們的表達也會更有方向，知道該如何與對方建立連結。

保護自己不受傷害

雖然許多防衛機制的反應，大多是反抗行為或負面情緒，但我也遇過一個不太一樣的狀況。

某次同學聚會，大家都攜家帶眷地前往，相當熱鬧。有一位朋友心血來潮拿他從國外帶回來的餅乾當作遊戲的獎勵。玩了好久，許多孩子都滿載而歸，正準備要回家之際，有一個年約六歲的妹妹大哭了，原來是因為她什麼都沒有得到，而且，餅乾都被分光了。她的爸爸媽媽連聲安慰，完全沒有效果，她反而哭得更傷心。此時，只見他們家八歲姊姊走了過來，伸出手來，拿出一個餅乾說：「妹妹，我有兩個，給你一個，你不要再哭了，好不好？」

妹妹把餅乾拿了過去，哭聲也因而平息，全部的人都稱讚姊姊好懂事、會分享，但我卻察覺到姊姊不一樣的表情。她的神情沒有一絲開心與喜悅，反倒是一副鬆了一口氣的樣子。

趁著大家一起去搭車的路上，我抱著女兒，簡單問了姊姊：「姊姊，你好棒喔，看到妹妹哭了，願意分餅乾給她。」

「我不棒。」姊姊卻回了這一句。

「你覺得自己不棒喔？怎麼了？你是願意分享的嗎？」我依照她先前的表情，做出好奇的詢問。

「我不想。」

「是什麼原因你不想拿出餅乾，但是依然分享了呢？」

「我不想要妹妹繼續哭了。」

「妹妹哭了，你的感受是什麼啊？」

「我會擔心。」

「擔心什麼呢？」

「擔心爸爸跟媽媽會生氣。」

原來，妹妹的情緒波動比較大，時常因為事情不如她的意就大聲哭鬧，最後連爸爸跟媽媽都生氣了。然後，回到家後，姊姊也會因此而被牽連，做什麼都會被罵，所以，才會因為擔心而分享餅乾。

這個姊姊的行為背後是希望她回到家不會遭受牽連——這樣為了保護自己不受傷害的行為動機，是需要爸媽帶著好奇的心去觀察的喔。

連結需求的表達

某次講座後的提問，有位媽媽說，家中七歲的哥哥很愛鬧五歲的妹妹。我問：「哥哥是怎麼樣鬧呢？」

「哥哥都會故意對妹妹說，我有這個你沒有，我有吃了什麼，你都吃不到。然後，妹妹很生氣，就跑來跟我告狀。」媽媽說。

「媽媽，你覺得哥哥是刻意想讓妹妹生氣的嗎？」

「我覺得不是，因為，妹妹生氣來跟我們告狀，他也會被我們處罰。」

「你覺得是什麼原因，哥哥會想要對妹妹說這些話呢？」我在嘗試撥開哥哥的表面行為，讓媽媽觀察一下哥哥的真實需求。

「可能是，哥哥想要讓妹妹感到羨慕吧！」

當我聽到這句話時，就開始探索著，「想讓妹妹感到羨慕」比較符合四種需求的哪一種呢？

「哥哥有覺得自己是不如妹妹的嗎？」我想到可能是哥哥的自我價值感不

足，才會想要透過物質的優越來提升自己的價值，而且比較的對象是妹妹。

「嗯，有的時候會。」媽媽想了一下。

「哥哥有發生什麼事，讓你這麼覺得呢？」

「哥哥偶爾會說，為什麼妹妹這麼好，你們都比較疼她。對啦，反正我就是不如妹妹……之類的話。」

「在家裡，有誰說過類似的言語，讓哥哥有這樣的認定呢？」

「住在一起的阿公跟阿嬤。」

「阿公跟阿嬤最常對哥哥說的話是什麼呢？」

「他們會說，你是哥哥要讓妹妹、妹妹多乖啊哪像你、哥哥應該要做妹妹的榜樣啊，怎麼還這麼調皮。」媽媽說。

如此聽下來，哥哥的行為背後可能是在追求「價值感」。不過，這也是種臆測，還需要這位媽媽回去後與孩子做核對，於是，我邀請她模擬練習一下，請她扮演哥哥，而我扮演她，嘗試如何透過好的表達來連結孩子的內在需求。

「哥哥，你怎麼剛剛去鬧妹妹啦？」我扮演媽媽，先說。

「沒有啊，就好玩。」媽媽扮演哥哥。

「你覺得好玩啊？」

「嗯。」

「哪裡好玩呢？」

「看到她生氣的表情，我覺得很好玩。」

「可是，妹妹生氣了，會來找我告狀。是什麼原因在有可能被我處罰的情況下，你還是想要這麼做呢？」

「不知道。」

「你是希望妹妹羨慕你嗎？」這是對於內在需求的猜測。

「有一點。」

「哥哥，是什麼原因會希望妹妹羨慕你呢？」

「嗯……不知道。」

「你覺得自己是不如妹妹的嗎？」

「有的時候會這麼認為。」哥哥想了一下。

「什麼時候呢？最近有嗎？有的話，願意跟媽媽說嗎？」

「上次我不想借東西給妹妹，阿公在旁邊就直接罵我不乖，要我讓妹妹，還說妹妹很乖，哪像我這麼調皮。」

「你聽了會生氣嗎？」

「會啊，反正在阿公阿嬤的心裡，妹妹比較棒，我就是很不乖、不聽話。」

「你聽了一定很不好受吧。」現實中，我們可以抱抱孩子、安慰他，再接著說：「哥哥，阿公阿嬤這樣講你，你一定很受傷，因為你會在乎他們是怎麼看你的。東西是你的，你有權利決定要不要借給妹妹，所以，阿公因為你不借就說你不乖，媽媽是不認同的。」

「哥哥，無論阿公阿嬤說你什麼，在媽媽的心中，你就是一個很棒的孩子。像上一次我們過馬路的時候，因為媽媽手上的東西太多，你除了主動替我拿之外，還很勇敢地保護妹妹，當時，我就在心裡想，有你這樣的兒子，真好呢。所以，媽媽希望你不要這樣看自己，對我而言，你跟妹妹都是很棒的。」

我讓孩子知道在媽媽的心中，他是一個有價值的人，不用跟妹妹比較。

當看到他人內心深處的需求了，適時地回應對方的需求，對方會有種被理解的感覺，於是，連結便會產生了。當孩子被自己最愛的人理解了、關懷了，才會開啟願意改變的契機。

第四章

表達愛

如何把愛說出口

「媽媽，你愛我嗎？」八歲的女兒在睡前詢問。
「我很愛你啊。」媽媽回。
「真的嗎？你真的愛我嗎？」
「當然啊，你是我最愛的小寶貝。」
「你愛我比愛妹妹多嗎？」
「你跟妹妹，我都是一樣地愛啊。」

「我不要，我要媽媽最愛我。」女兒一副要生氣的模樣。

上述的對話，是一位媽媽在演講後來詢問我的狀況，說大女兒三不五時就要確認媽媽是否愛她。這位媽媽還說：「我很常跟女兒說『媽媽愛你』，真不明白她為何還要一直確認。」

或許，時常向爸媽詢問是否愛自己的孩子，透露了他心中的不確定。

在上一章「傳遞愛的三層次」中有說，「愛的感受，是從體驗而來的，而非認知。」歐美國家的文化很常把「愛你」二字說出口，只是，聽到的人真的是如此認為嗎？

常聽到「我這麼做都是因為愛你」和「每天都有被擁抱」，兩者哪一個才真的有愛的感覺呢？

所謂「愛的體驗」，是從行為與表達上，連結到對方內心的需求與渴望。

從行為與表達上連結內心

有位媽媽問，老公被公司外派，通常要幾個月才能回家一次，不過，每天還是會在固定時間跟四歲的女兒視訊。可是，女兒最近卻不想跟爸爸視訊；之前都會好期待，現在卻要一直被催促才來跟爸爸講話，不然，就是坐在平板前，對著螢幕卻什麼話都不說。

我好奇當女兒不想跟爸爸講話時，雙方的互動是如何呢？媽媽說，爸爸依然很開心地問女兒問題，只是，女兒都不專心，一直想跑走或玩旁邊的東西。爸爸問今天在學校有玩什麼啊？有什麼開心的事嗎？結果，女兒總是有一搭沒一搭地回話，讓過程尷尬不已，爸爸也問不下去，感到非常沮喪。

後來，我邀請這位媽媽來扮演女兒，而我扮演成爸爸，以模擬對話的方式來試試看。

「女兒，怎麼啦？你怎麼不跟爸爸說話呀？」我扮演成爸爸。

「我不要說。」媽媽以女兒的方式來回話。

「你在生爸爸的氣嗎？」

「嗯。」她點點頭。

「氣什麼呢？可以跟爸爸說嗎？」

「你都不回來，你為什麼要去那麼遠的地方！」這是指責的防衛姿態，保護著內心深處的需求與渴望。

「女兒，你是因為想爸爸、見不到爸爸，所以才會生氣的嗎？」我猜測女兒的需求，但需要與她進行核對。

「嗯。」

「你有多想爸爸啊？」

「好想。」

核對之後，得到明確的需求目標，也就是女兒渴望爸爸能夠在身旁。此時，我們要做的不是解釋「沒辦法啊，爸爸要賺錢啊」，而是要嘗試連結到女兒的心。

「女兒，你知道嗎？爸爸也好想你喔。」

「才怪，你想我的話，就不會去那麼遠了。」

「爸爸剛剛一下班，想到晚點可以跟你視訊，就好期待喔。因為，每天可以看看你，跟你講講話，是我一天之中很重要的事情。」稍微停頓一下，「女兒，爸爸知道，當你想爸爸的時候，我卻不能在你的身旁，你一定會生氣的。不管你是如何生我的氣，爸爸只想讓你知道，我是真的、真的好想你喔，寶貝女兒。」

「爸爸，你下次什麼時候才會回來？」這句話是稍微等了一會兒才說，女兒的情緒也明顯地降低了。

「我應該還要再兩個禮拜才能回去。」

「是喔，還要那麼久喔？」

「對啊，當知道還要兩個禮拜時，我也好失望喔。如果可以提前的話，一定會盡早回去的，好不好？」

「好——打勾勾喔。」

「沒問題。女兒，這段時間，爸爸沒有辦法回去，你覺得爸爸可以怎麼做，能讓你對我的思念好過一些些呢？」
「我要爸爸每天跟我視訊的時間再久一點。」
「當然，那有什麼問題。」
除了口頭表達，假使能在行為上也做出「愛的體驗」會更加分。比方說，真的規劃提早回家，然後跟女兒說「女兒，你知道嗎？爸爸可以提早兩天回去耶，想到可以早一點回家陪你玩，就好開心喔」，以及回家後放下工作、專注地陪伴孩子。相信女兒肯定能透過實際體驗感受到爸爸的愛。

內心感到溫暖的表達

我有一位男性友人，家中有個六年級的兒子。因為工作繁忙的緣故，友人經常出差，回到家時，兒子也都睡了。兒子已經連續好幾天在放學回家後，沒能見到爸爸。有天早上，在上學的路上得知爸爸當天又要出差、晚回家，脫口而出了一句話：「是喔，你怎麼又要出差啊？」然後，臉上露出悶悶的神情。

友人聽到了，心中微微一酸，對著孩子說：「對啊，沒辦法，這就是工作，老闆跟客戶要我們做什麼，我們就要去做。所以，你要好好地用功讀書，不要像爸爸一樣這麼辛苦，知道嗎？」

這是傳統上爸媽習慣的回應方式，特別是爸爸們，總是會在言談之間講些道理，而忽略了人與人之間，最重要的是情感的交流。過往物質生活不太充裕的年代，如何活下去、如何讓三餐溫飽，絕對是首要之事，於是，「對人的關心」相較於「對事情的處理」是不重要的，如同「飯都沒得吃了，還管你喜歡吃什麼啊。」

這種「慣性的傳承」傳到我們這一代，即使物質比較富足了，選擇性也多元了，可是，在觀念上與應對上，依然習慣把「事情」放在「人」的前面。再加上工業化革命，凡事轉為講求效率，更是加重了「結果論」的觀點——唯有達到目標，中間付出多少努力都不重要。同時，3C設備的便攜性、短影片的盛行，更容易在忙碌的生活中，忽略了應該要專注且放慢腳步地與重要他人互動與相處。

如果我是這位男性友人，即便是在匆忙的上課途中，我依然會選擇緩下來——停在路邊也好、散步慢行也可——好好地與兒子對話。

「是喔，你怎麼又要出差啊？」兒子說。

「怎麼了？不想要爸爸出差啊？」我問。

「嗯。」

「想要爸爸在家，是嗎？」

「對啊。」

「想要爸爸在家陪你做什麼呢？」

「陪我聽歌，陪我聊天。」

「爸爸也想。兒子，爸爸好像已經連續好幾天，沒能跟你好好聊天了耶。」接著說：「爸爸不在家的時候，想找我陪你的時候，我卻不在，你會失落嗎？」

「有一點。」

「嗯，知道了。」我拍拍他、摟著他，繼續說：「爸爸想跟你說，我也很想你，有幾次回來晚了，你已經睡著了，也曾偷偷去看你一眼。這段時間因為忙碌，對於你們的確是有些疏忽了，所以，你會希望我不要再出差了，是能理解的。爸爸答應你，等這一陣子忙完之後，看你想要我們一起做些什麼，我們就去做，好不好？」

「好。」

如果我們是小孩，聽到哪種回話，內心會感受到溫暖、感受到被愛呢？

要從傳統慣性以「對事的處理」為優先，轉變為把「對人的關心」放在最前面，是需要刻意練習的。練習的方式，可以藉由非語言和語言的方式來建立新的習慣。

非語言訊號的傳遞

把我們心中對家人的愛，透過實際表達傳遞出來，讓對方能真切感受的同時，我們的非語言訊號也是很重要的。

- **心態**：希望對方能夠有愛的體驗，我們在心態上肯定要以「人」為先，而非「事情」。聚焦在面前的這個人身上，關心他的感受、好奇他的想法、同理他的心情，傳達出「在此刻當下你就是最重要的。」

- **眼神**：專注地看著對方，眼中流露出溫柔。
- **肢體**：能面對面時就不側身、不斜視，自在地面向對方。動作放鬆不躁動，四肢自然擺放，也不能一直看手錶與踱步。用肢體語言表現出對對方全心全意的關注。
- **語調**：緩慢不急促，溫和且舒服，可以先思考過再說，把心中的想法做出如實的表達。
- **心情**：重要的兩個字，「平靜」。只要心情是平靜的，我們的表情與姿態皆能平和地面對他人，展露真心。

傳遞愛的語言

說出愛的言語，大致可分為「三探索、三表達」共六個要點。不過，請不要刻板又生硬地照著順序進行，而是要依照自己的個性，自在地表達。講出多少內容是其次，孩子能明白我們的心意才是最重要的。

三探索：

- **傾聽**：對方在說話的當下，我們先透過非語言的訊號，專注且仔細地聆聽。不說服、不指責、不批評、不否定、不給建議。如有開口的需要，只要單純回應且客觀提問即可。
- **撥開**：當我們覺察到對方有些反抗的行為或負面的情緒，請先提醒自己「他不是故意的，他其實不想這樣。」同時，穩住自己的情緒，不隨之起舞，嘗試撥開對方防衛機制的外衣，繼續往下探索他的內心。倘若對方的反應太劇烈，請勿強行開道，不急於一時，之後再找機會就好，否則，往後對方可能會更加抗拒。
- **需求**：人的表面行為可能是為了滿足心中說不出口的需求。於是，在對話的同時，我們可以從他表面上的蛛絲馬跡，思考著「他會有這樣的反應，是渴望獲得哪種需求呢？」此時，請依照我們對對方的了解，從最有可能的面向來做猜測。

三表達：

• **同理**：核對過需求後，試著說出「我同理你的感受、我能理解你的想法」，藉此拉近雙方的心。

例如，「當你想爸爸的時候，我卻不能在你的身旁，你一定會生氣的」、「你會希望爸爸不要再出差了，我能理解的。」

• **連結**：從對方所渴望的需求中，用真心誠意的表達，填補他未被滿足的缺角、撫平與溫暖他的心，使之內在感受到能量，體驗到被愛與被關懷。

例如，「每天可以看看你、跟你講講話，是我一天之中很重要的事情」、「爸爸想跟你說，我也很想你。有幾次回來晚了，你已經睡著了，也曾偷偷去看你一眼。」

- **陣線**：讓對方知道「我陪在你身旁一起來面對你所在意的事」。重點不是在答案；共情、共感與共心，擁有身在同一陣線的氛圍，才是能把兩人的關係緊緊靠在一起的關鍵。

例如，「爸爸沒有辦法回去，你覺得爸爸可以怎麼做，能讓你對我的思念好過一些些呢」、「爸爸答應你，等這一陣子忙完之後，看你想要我們一起做些什麼，我們就去做，好不好？」

連結到冰山的渴望

有次我在所主持的親子天下 Podcast 節目《爸媽煩什麼》中，趁著訪問李崇建老師的機會，問了一個自己困惑已久的問題：「阿建老師，你在書中寫道，對話要有目標，到底這個目標是什麼？」我會這麼問，是因為在對話時透過好奇的提問，常常隨著對方的回答而發散，擴散到抓不回來也很難聚焦在原本的疑問上。此時，阿建老師說：「對話的目標，是要連到對方心中的渴望。」

在薩提爾的冰山層次中，水平面上的是行為，而水平面下的各層，分為感受、感受的感受、觀點、期待、渴望與自我，每層都有其意涵。想要了解更多關於冰山層次，可以參考這本李崇建老師所寫的、啟發我的好書《薩提爾的對話練習》。

渴望層可以說是一個人生存的養分與成長的動力，只要心中的渴望被滿足了，內在的能量就會充沛。那麼，渴望是什麼呢？

在李崇建老師的另一本著作《李崇建談冰山之渴望》就有提及：「渴望的連結意味著，活在愛、接納、意義、價值、自由、安全感、信任感的體驗裡。」也就是說，透過我們的行為表達與他人進行著連結，只要對方有了這些感受，就會有被愛的體驗。

同樣是「有愛的體驗」與「連結的目標」，於是，我大膽地認為，上一章所提到的**內心深處的四個需求，就等同於冰山的渴望層次**。

往後我們在與家人進行愛的表達時，可以先以「內在的四種需求」來做大方向的探索；有了大致的範圍後，再從渴望層的細項裡來找尋最貼近內心的元素。比方說，透過對話探索到孩子的內在是在追求家人之間的「歸屬感」，我們就可以再做細部思考，他想要的是與歸屬感相關的尊重、接納、在乎，還是包容呢？如此，能做出既適合又最能拉近孩子的連結。

接下來的章節，將以不同的渴望元素為目標：價值、認同、在乎、意義、尊重、接納、自由、獨立、信任、包容等，說明我們可以如何表達，來讓孩子知道我們是愛他的。

表達價值與認同

我很喜歡聽一個 Podcast 節目，是製作人王偉忠的「欸！我說到哪裡了」。偉忠哥在每集都會邀請不同的來賓來分享生命故事。其中一集邀請的是知名心理師作家劉軒。在節目裡，劉軒分享他在研究所時上的一堂課，該堂的教授邀請同學們拿一張紙，寫下自己從小到大所發生事情，但是，只能列出不好的事情。列完之後，自己先讀過，確認是可以讓其他人看的內容、沒有隱私方面的問題，然後就傳給身旁的同學看。劉軒看了同學的自傳，同學也看了劉軒的自傳，都很意外對方有過這些苦難的經歷，互相覺得彼此能坐在這邊，真的是很不容易。

在向他人坦露自己人生最谷底的經歷後，教授再請所有同學們拿起筆，在自己的自傳底下補上一行字：「儘管如此，我依舊在這裡。」我聽到這句話時，瞬間在心中起了能量的漣漪，因為，再怎麼負面的狀態，只要願意用不同角度的觀點來看待同一件事，價值就會浮現了。

這段故事，讓我想起了一次講座，有位全職媽媽跟我抱怨著自己照顧兩個孩子，有多麼地忙不過來。同時，也埋怨著自己的老公因為是軍人的關係，久久才回家一次；就算在家了，也不會照顧孩子。再加上家裡沒有其他支援系統，這位媽媽明明很想要對孩子好好溝通，但總是忍不住破功，相當自責。

我聽完描述後，先停頓一下，看著她，說：「媽媽，你在這麼辛苦、這麼疲累的情況下，還是為了孩子堅持學習，撥出時間來聆聽講座，我好佩服你喔。」這位媽媽輕輕地說了一句「沒辦法啊」，同時，她先前滿滿的抱怨與埋怨，也緩和了不少，可能是因為她的價值被人看到了吧。

無條件的愛建立孩子的價值感

在陳品皓心理師的著作《心理韌性》中提到，一個人的自我價值感是我們在成長過程中，透過自己的經驗、與家人的互動中慢慢建立起來的。當孩子具備良好的自我價值時，他看重自己、相信別人，也能與旁人有良好的互動。

通常一個自我價值感高的人，對自己是有自信的，於是，比較不會受到他人外在評價的影響，依然可以堅定自己的信念。反觀自我價值感低落的人，很常懷疑自己，高度需要他人的認可，重視他人對自己的評價，希望從他人的稱讚與認同聲中，給予自己信心；如果得到的是負面評價，很容易陷入糾結，產生自我懷疑與自我否定。

在小兒科黃瑽寧醫師的著作《安心做父母，在愛裡無懼》中也提到，孩子在二到六歲正處於「自我膨大期」的階段。自我膨大的意思就是以自我為中心，認為自己什麼都最厲害、最棒的時期。比方說，老師問「誰最會跑步」，此時，班上一半的孩子都會舉手，連跑得慢的也舉了。但是六歲之後，「他我概念」漸漸地建立後，孩子比較能以他人角度來思考，就會發現其實自己沒有那麼厲害、某某某比自己還厲害的時候，自信度也會產生動搖；然後，他會觀察他人優點，也有可能會放大自己的缺點，因為，他正在探索自己是誰？是一個怎麼樣的人？與他人相較之下有突出的地方嗎？

我們很多時候是從他人認同與經驗累積中，漸漸長出欣賞自己的能力。而這個最重要的「他人」，當然是爸媽囉。所以，爸媽多稱讚與肯定孩子，多放手讓孩子嘗試，讓孩子相信他是可以辦到的，這些都是孩子建立價值感的來源。時常被爸媽指責的孩子，得到的不是認同，反而是被否定的評價，也很難會喜歡自己。於是，**在家庭的安全堡壘裡，提供孩子無條件的愛與接納，能幫助他建立心中的價值感。**

假使孩子長期沉浸在「有條件被愛」的環境，會認為「外在行為表現」與「自己是否有價值」是畫上等號的，因此，唯有表現好，自己才是一個很棒的人，才值得被愛、被關注，甚至會為了要凸顯自己的價值，高度重視與他人的比較，然後呈現出得意忘形的樣子。如果表現得不好，就會認定自己是個很糟的人、是不值得被愛的，也有可能因為失敗而一蹶不振，然後需要更長的時間才能恢復自信，或者因為害怕失敗而不敢嘗試。

反觀成長在「無條件被愛」環境中的孩子，堅信自己能被愛是不用透過表現來交換得到的，他會把「外在行為表現」與「自己是否有價值」兩者脫鉤。表現得好，固然會開心，但也僅止於開心；表現得不好，也會難過與失落，但不會否定自己，依然覺得自己是個很棒的人，只是有些地方沒做好而已；同時願意自我反省、接受他人建議，認為下次再努力就可以了，恢復自信的速度也比較快。

女兒有次在期中考前，大聲嘆氣道：「好煩喔，要考試了。」

「女兒，關於考試，你最煩的是什麼呢？」我關心她的心情。

「好像我的成績一定要好，不能考糟。」女兒說。

「考糟了，會怎麼樣嗎？」

「同學看到我的成績，就會露出不可置信的表情，說『怎麼可能，你怎麼會考這個分數，不會吧』，所以我的壓力很大。」

「聽起來，你的壓力主要是來自於同學囉？」

「對啊，當然還有我自己啦，我也不想考不好。」

「有我跟媽媽嗎？」我跟女兒做確認。

「沒有啊，你們知道我沒考好，又不會怎麼樣。」

「那就好。當你沒考好，同學卻來跟你說這些話的時候，你的感受是什麼呢？」

「很無奈——我也是一般人好嗎！」女兒的表情，真的很無奈。

「假使你考試的分數真的不是很理想，你會覺得自己是個很糟糕的人嗎？」

「不會啊，考出來的分數跟我這個人又有什麼關係？」她一副不解的樣子。女兒的回應，讓我很是欣慰。

由此可知，要建構孩子的價值感，大致有兩種方式：

- **提供孩子無條件的愛，賦予安全感，確保親子之間的連結是緊密的。**
- **在孩子累積經驗時，給予正向回饋、實質稱讚；重視過程遠大於結果。**

關於無條件的愛，前面的章節有講述了。而給予孩子有效的實質稱讚，在

《引導孩子說出內心話》的第三百三十四頁有詳盡的解說，也推薦陳志恆心理師的《正向聚焦》，都歡迎進一步閱讀。

過度追求外在是內在價值不足的投射

在兒子國中時，只要他喜歡一個東西，就不太想要與他人一樣。舉例來說，有一陣子，他很喜歡把頭髮分邊，我問兒子原因，他說因為在學校看到幾乎每個男生都是瀏海蓋額頭的造型，所以他想要換個不一樣的。還有，大家都喜歡的偶像，他覺得還好，反而喜歡其他人不太會注意到的偶像。假使他發現自己喜歡的偶像有其他人也一樣喜歡，他就會想要展現「我比你要更加了解這個偶像」的態度，想把對方比下去。

兒子意識到自己有這樣的行為，問我：「爸，我為什麼會這樣啊？」

「你覺得自己會這樣，是在追求什麼呢？」我反問。

「追求獨一無二、與眾不同的感覺。」兒子想了一下。

「所以，你想要自己成為與眾不同的人，是嗎？」我問。

「對啊。」兒子說。

「扣除掉髮型、喜歡的偶像等因素，你依然覺得自己是與眾不同的嗎？」

「我覺得我是，但是，我無法證明。」

「你曾經用哪些方式想證明自己是呢？」

「考試成績、體育表現……我嘗試過用這些來證明自己，但是，並沒有很突出，也只是一般般而已。雖然，我籃球打得還不錯，也會彈鋼琴，可是，我真的有很厲害嗎？好像也還好。」

「你嘗試過這些，但是卻依然無法證明自己，會感到沮喪嗎？」

「籃球跟鋼琴不會，但是，在考試與學業上，是會感到沮喪的。」

「這是爸爸的猜測，與你核對一下。」我稍微等了一下，接著說：「因為，你好想要自己是與眾不同的，但是又無法用能力去證明，所以，只好用外在的方式像是髮型、偶像啊來告訴自己、向他人展示：我是與眾不同的。是這樣的感覺嗎？」

「對！爸爸，你好厲害哦，完全把我的感受說出來了耶。」兒子先沉思了一下，接著驚訝地說道。

也有一次，有位媽媽問我，家中小一的女兒很羨慕好朋友的打扮，每天都想要跟朋友一樣弄好看的髮型、穿漂亮的衣服；如果不依她，她就會情緒失控，不去上學。媽媽很是不解。

「媽媽，你的女兒會這麼想要跟朋友一樣弄髮型、穿漂亮的衣服，你認為她想要得到什麼呢？」我引導這位媽媽思考一下，孩子有這樣的反應是渴望滿足哪種需求呢？

「想要被人稱讚吧。」媽媽想了一下回答。

「女兒覺得自己是怎麼樣的人呢？她喜歡自己嗎？」高度渴望獲得他人認可，可能是懷疑自我價值的緣故。

「她常常覺得自己不如人，自己不夠好。」媽媽說。

「家裡的大人會稱讚她嗎？」孩子習慣性地否定自己，通常與環境有關。

「當然會，大家都說她很漂亮啊。」

「不只是稱讚外表而已，有沒有實質地稱讚她的內在特質，像是很貼心、主動、積極這一類的呢？」

「很少耶。」媽媽搖搖頭。

「家中的大人稱讚她的內在特質跟批評她，這兩者相比，哪個比例高呢？」

「嗯，批評的多一些。」這位媽媽有些不好意思地說。

在意外表、追求流行、喜歡擁有獨特的物品，是人的天性，每個人多少都有所愛好。可是，有時候孩子會過度追求外在，像是只穿戴名牌、非當季潮流物品不用、很愛向他人炫耀，但是自己又尚未有足夠的能力負擔。在網路社群上，過分重視點讚數、與他人比較粉絲數、為了流量無所不用其極，只要沒有增長或是有了負評，就會影響自己一整天的心情。

對於外在的物質、他人評價過於執著，太想要利用金錢、物質與社群來彰顯自己的價值時，可能是反應了內在價值感的不足。

當爸媽發現孩子有這些執念時，不應該一再滿足他了，而是要幫助他往內在探索，關心他是如何看待自己與評價自己的？有喜歡自己與欣賞自己嗎？

從困境中看到價值

爸媽都知道要在孩子有正向行為與成果時，給予稱讚與肯定。比方說，「你很認真準備這次的考試喔」、「你主動來幫媽媽的忙，謝謝你的貼心」。或是，當孩子遇到困境與挫敗時，爸媽會習慣說些安慰與建議的話語。舉例來說，孩子參與一項比賽，最後輸了，很是沮喪，爸媽安慰的言語大概是「沒關係啦，你已經很棒了」、建議的言語是「之後我們再好好地練習，下次再贏回來」。

當然，只要沒有負面用語，都是不錯的做法，只是，爸媽可以如何進一步表達，讓孩子從困境中看到自己的價值呢？

有天，國九的兒子從學校留夜自習回來，一臉倦容的他在吃點消夜，我坐到他的身旁，拍拍他大腿，關心問道：「兒子，怎麼啦？感覺你很累喔。」這句話彷彿是話閘子的開關，兒子開始跟我抱怨著讀書很煩，會考的日子越來越逼近，壓力很大，時常想要放棄，好想把時間快轉。而且，付出了努力，但是在成績上卻沒有明顯的成效，所以，時常不知道為何而念。

「兒子，我真的覺得你很棒耶。」聽完後，我先說了這句話。

「哪裡棒？」兒子似乎有些疑惑。

「你抱怨著讀書很煩、會考很有壓力，想要放棄，可是，你從開學開始，依然願意待在學校讀到九點，每天都是如此，沒有一天是請假的，持續監督著自己。這樣的你，爸爸覺得很棒。」

「但是，很累耶。」

「我知道啊，的確是累的。而且，你剛剛有說，回到家休息一下，還要再去念一個小時。面對又煩又累的事，能夠如此堅持下去，爸爸很佩服你。」

「沒辦法啊！」兒子說。

「我有感受到你的些許無奈。兒子，你自己覺得能夠讓你堅持的動力是什麼呢？」

「就像漫畫《灌籃高手》裡的安西教練說的，『要是放棄的話，比賽就等於結束了』，如果我現在就放棄了，我之前的努力，還有你們陪伴我讀書的心力，不就白費了嘛！」

「兒子，無論結果如何，我都希望你能夠欣賞不放棄的自己喔。」我抱了兒子一下。

沒有一個人會想要自己所做的一切是白費的，可惜，並不是任何事情都能如己所願。於是，當一個人因為陷入困境或執行的結果不如預期，而瀰漫在愁雲慘霧的低氣壓中，但是他**在過程中的付出、努力、堅持、勇氣與願意去做的動力是有被看到的，他就會覺得這一切是值得的。**

「具體地陳述事實與感受」＋「看到過程中的亮點」會是很棒的表達。

「孩子，我知道你覺得功課很煩，不過，你從六點到現在七點多，在這麼不想寫的情況下，還是堅持坐在書桌前，沒有放棄。雖然沒有寫完，但是我已經覺得你好厲害了。」

「孩子，雖然最後你沒能完成比賽，但是你在從前幾天就很擔心與害怕的心情下，還是願意鼓起勇氣到會場來，光是這一點就值得鼓勵了。」

「孩子，你或許會認為爸爸嘮叨，但是在有些事情你不是很想聽的情況下，你依然願意坐在這邊，跟爸爸一起討論，其實，我是很開心的。」

「老婆，你已經照顧孩子一整天了，相信一定很累了。在這個僅有的休息時間內，願意聽我抱怨公司的事情，我好感動喔，謝謝你。」

「老公，你雖然覺得你媽很難相處，但是，只要媽開了口，你還是不辭辛勞地開車載她，相信媽媽會感受到你的心意。」

我們都渴望自己的價值被所愛之人看到，這份價值，不僅僅是賺錢、養家、照顧孩子、做家事等實質的表現，而是我們為了家庭、為了家人付出的心意，即便是無形的，都有它的意義所在。試著把我們的眼光，放在這些微小但是卻很重要的事情上。

其實，只要我們努力地活著、默默地付出，就是一種價值了。

表達尊重與接納

馬斯洛需求層次理論依照金字塔的形狀，從下至上、從較低層次到較高層次，標示出每個人的五個需求：生理需求、安全需求、社交（愛與歸屬）需求、尊重（被尊重、尊重他人與自尊）需求和自我實現需求。通常，人需要先滿足最低層的需求到一個基礎後，才會往上逐一追求。舉例來說，假設一個人在生理需求上是匱乏的，就會停留在這一層，每天思考的是如何溫飽；相較之下，其他的安全、與他人互動等需求，也就沒那麼重要了。

所以，要讓一個人能夠追求並達到尊重需求的層次，包含對他人以及對自己的尊重，除了要滿足基本的生理需求外，同時必須讓他感受到安全感、歸屬感，以及被愛的感覺。

在日常中，最能夠感受到被愛與被接納的歸屬感與安全感，就是當「一個人的情緒是被允許」的時候：在界線之內，溫和地說「你可以生氣」、「你在我身旁哭吧，沒關係」、「你是一定會擔心的，我明白」、「我理解你的難過，如果你需要抱抱，我很願意抱你」。

不否定他人的情緒與感受，這就是尊重與接納的開端了。

在底線之上，尊重孩子的決定

國九的兒子，即將面臨人生第一次重要的大考——會考。上學期時，學校的圖書館開放學生留下來夜自習到九點，家長與孩子可以自行決定一個禮拜要選幾天留校，只要是固定的天數就好，沒有硬性要求。不過，因為是開放的選擇，所以兒子很是苦惱。

「兒子，關於夜自習，感覺你似乎做不了決定，是在煩惱或擔心什麼嗎？」我問。

「我沒有留在學校讀書這麼久過，所以，不知道自己行不行；會不會試了幾個禮拜，覺得煩，就想回家了呢？」

「你的煩惱，爸爸明白。要在哪裡讀書，是你要自己決定的。爸爸的想法，是無論在家裡還是學校，你只要能找到一個讓自己專心的地方就好，至於在什麼地方，爸爸都沒意見。」接著說：「如果你會擔心，或許一個禮拜先選個幾天就好，試試看。不過，既然決定了，至少要堅持一個學期喔。」最後再加上一句：「當然，如果你決定都不留，要待在家複習，也是沒問題的喔。」

我的底線是「找到能讓自己專心讀書的地方」，觀點（建議）是「一個禮拜之中，選個幾天就好。當然，不留也行」；孩子為自己負責的是「要留校的話，至少要堅持一個學期」，其餘皆是讓兒子自行決定。

後來，他選擇了一個禮拜留三天夜自習，而且，在實際感受過後，覺得專注度比待在家裡好，於是，在段考與模擬考的前夕，原本應該要回家的他，還加選留在學校的天數。

到了下學期，要重新選擇留夜自習的時間，我就對兒子說：「既然你上學期有體驗過囉，這學期想要留夜自習幾天，你就自己決定吧，看哪種方式對自己最好，爸爸都沒有意見。」後來，兒子選擇了星期一至五都留校讀書。然後，夜自習後回家了，我們也會準備熱騰騰的消夜等著他，一起聊天。

當我給予兒子尊重，他更加願意詢問我的意見，因為他知道我不會要求他只能聽話。而且，他會樂意為自己做出決定，不用凡事都小心翼翼，深怕做錯，違背了爸媽的意願。

當這件事情是屬於孩子的事，即使我也有身為家長的想法，在提供建議的同時，不說服、不強迫，在自己的底線之上，把選擇的空間還給他；可以試著告訴孩子每個選項的影響與優劣，同時，允許孩子有想法，練習思考與抉擇，當然，也必須要學習為自己的決定負責。如此便是「尊重」的展現。

帶著爸媽的信任與尊重，為自己做出決定，是孩子邁向獨立的練習機會；

爸媽陪著孩子一起經歷，孩子更能感受到爸媽的支持和愛。

「尊重」的定義

「尊重」是雙向的，是人與人之間的良性互動，更是一種信任的展現。只要在不碰觸「事情的界線」的責任歸屬之下，屬於對方的事，就應該要給予尊重；強迫他人接受自己的觀點，是越線的舉動。

所謂的尊重是：

- 接納他人的想法，不說服，即便與自己的不同。
- 接受他人不採納我的觀點與建議，即便我認為是為他好的。

願意尊重孩子與伴侶，肯定也包含著「我願意接納你最真實的模樣」。真正的尊重，不是嘴上說「你當然可以」、「你自己決定」，但卻附加了威脅、恐嚇、條件交換與情緒勒索的言語。我們要注意的是，真正的尊重是不帶利誘與威脅的。

「要留夜自習幾天，你可以想一想，爸爸當然希望你可以每天都留校。這樣好了，如果星期一至五都留校，假日就可以多打電動一個小時。」

「要不要去補習班，你決定，但如果這次段考的分數下滑了，就要扣零用錢囉。」

「老婆，你說平時照顧孩子很累，假日想要自己去外面逛逛。當然可以啦，只是，我也有工作要處理，孩子也需要你，他們哭了就要找媽媽，我也沒辦法啊，難道你捨得讓他們一直哭喔？」

上述這些帶著附加條件的回應，其實是告知對方「你依然沒得選擇」。所以，假使我們不喜歡這樣的感受，也不要把這樣的感受帶給家人。

尊重是一種接納

尊重，是「接納對方最真實的模樣」，包含了對方的個性、想法、興趣、喜好，以及不想讓他人知道的隱私，比如，孩子喜歡哪種才藝、崇拜哪個偶像等，皆是需要被尊重的。

當釐清某件事是孩子需要自己負責的事情時，「開放式選擇」與「不聽話也沒關係」，這兩項是爸媽要讓孩子感受到的空間。

「這是爸爸的想法，你可以聽聽看，但還是由你自己決定。如果覺得我的建議不好，絕對沒問題的喔。」

「你的想法很不錯啊。如果要聽爸爸的意見，也是可以的。無論你做了什麼決定，我都支持。」

「爸爸其實是有些擔心的，所以，才會跟你說這些。但是，如果你不想採納，也是沒關係的喔。」

當我對孩子說「沒問題」、「我都支持」、「沒關係」，就是真心地接受他所做的任何決定。有時，還會對做出決定的孩子說：「很不錯喔，你有自己的想法，爸爸很欣賞。」

有些事情是屬於爸媽需要介入的事，在理解孩子的想法之餘，告知爸媽的底線以及堅持的原因，願意與他共同討論，一起找尋彼此皆能接受的答案，也

是「尊重」的展現。

孩子的成長是從以自我為中心開始，慢慢學會如何以他人角度來思考。**希望孩子懂得如何去尊重他人，必定是「爸媽有教導孩子對他人該如何尊重」以及「爸媽有落實尊重孩子」。**

尊重是互相且表裡一致的

當孩子的言語與行為讓爸媽有不受尊重的感覺時，爸媽也要在心情穩定之後，好好地說出自己的內在感受。例如：「孩子，你剛剛說的話，媽媽聽了不是很舒服。我明白你想說的意思，可是有些話是傷人的，希望你之後能用另外一種方式來說。」

如果我們對家人做出了不尊重的行為，像是偷看私人訊息、嫌棄穿著、批評喜好、過度介入屬於他的事等，讓對方有著不好的感受，我們也應該要真誠地道歉。

這份尊重，不僅是當著他人的面時要做到，連在背後也要表裡如一。比方說，爸爸在孩子的面前數落媽媽的不是、大人在其他孩子面前指責不在現場的手足，這些都是不恰當的行為。

讀懂孩子的行為訊號

有位媽媽問道，家中有就讀國小二年級的哥哥，常常因為三歲弟弟的事情對媽媽不耐煩。我請她舉例，媽媽說：「當我在做事情時，因為忙不過來，會請哥哥幫忙把剛洗完澡的弟弟穿上衣服，以免著涼。」

「然後呢?哥哥怎麼回呢？」我問。

「哥哥就說他不要。我問為什麼不要，哥哥說弟弟自己會穿衣服，為什麼要幫他？」

「你是怎麼跟哥哥說的呢？」

「我就說，弟弟還小啊，你就幫一下忙，媽媽現在沒空，你怎麼這麼不貼心啊。」

「哥哥聽了，應該是不高興的吧！」

「對啊，他就不耐煩了。」

「哥哥是怎麼樣地不耐煩呢？」

「除了翻白眼之外，還會生氣地大吼說『我不要』、『為什麼要我弄』，講久之後，變成用哭的，搞到最後還是我去處理弟弟。」

我大致了解狀況後，邀請這位媽媽來扮演成哥哥，而我扮演她，進行模擬對話。

「哥哥，你剛剛說了『我不要』、『為什麼要我弄』，是在生氣嗎？」我扮演成媽媽，先釋出關心。

「對，你怎麼叫我，我就是不要去做。」媽媽扮演成哥哥，用哥哥平時會講的方式來應答。

「好，你說你不想去做，我聽到了。如果你真的不想去幫弟弟穿衣服，那就不用，沒有關係。」

「真的嗎？」哥哥有些不相信的口吻。

「真的。」我先給予肯定的回覆後，再接著問：「哥哥，媽媽有感受到你一開始真的好生氣喔，可是，講著講著，後來卻哭了。可以跟媽媽說你怎麼了嗎？」

「我已經說我不要做了，但是，你還是一直叫我去。」

「你會這麼堅持的原因是什麼呢？願意跟媽媽說你的想法嗎？」

「這明明不是我的事，你們卻總是要求我去做。」

「哥哥，所以，你的眼淚是因為長期以來的委屈嗎？」

「嗯，對。」

「你的委屈是什麼呢？」

「你們都不重視我的想法跟感受。」

「你這邊指的你們，除了我之外，還有誰呢？」

「還有爸爸。爸爸也一直說，我是哥哥，就要懂得照顧弟弟，可是，我明明也還是小朋友啊。」

我們的對話到這裡停止，媽媽大致明白哥哥的不耐煩是從何而來，也懂了為何在家裡哥哥常常說「我討厭當哥哥」這句話了。

往往一個人感受到自己不被尊重時，為了維護自己，通常會採取大力的反抗，而這個反抗最常出現的行為是生氣，比方說，「你為什麼都不聽我說話」、「你可不可以不要再管我了」、「你怎麼總是這麼不相信我」、「你憑什麼可以這麼做，這是我的隱私耶」；甚至會出現「為反而反」的舉動，也就是明明是可以的，但卻不願意去做的意思。

我們要看懂這些行為訊號：他的生氣是在維護什麼？他生氣的背後是什麼感受呢？他的生氣想傳達的是什麼呢？

後來，我再度邀請這位媽媽扮演成孩子，在相同的情境下，我換成尊重孩子的說法，看看孩子的感受是什麼。

「哥哥，你現在在忙嗎？」我呼喊他。

「怎麼了？」哥哥回話。

「因為弟弟剛洗好澡，需要穿上衣服，以免著涼，可是，媽媽正在忙走不開。所以，問問你有沒有空，可不可以幫媽媽的忙，去替弟弟把衣服穿上。」我邊做事邊說。

「弟弟自己會穿啊，為什麼一定要我去？」

「如果你有事情或是不想去處理，是可以不用去的。媽媽只是想說如果有人幫忙會比較快一點而已。沒關係，媽媽快好了，如果你不行，我等一下再去替弟弟穿就可以了，讓他先自己試試看吧。」

講到這裡，我問媽媽的感受如何，媽媽說：「有被尊重的感覺。」

「哪些話讓你有被尊重的感覺呢？」

「替弟弟做事，不是我應該要做的事，但你剛剛是用『幫媽媽的忙』，而且，如果我不想，是可以拒絕的。」

「我再問你喔，如果你是哥哥，下次我想再請你幫忙，如果你剛好沒事，你願意幫忙的機率是高還是不高？」

「嗯，是高的。」

照顧弟弟本就不是哥哥的事，這是事情的界線，況且也沒有立即的危害性。媽媽在提出請求的同時，願意聆聽與給予開放選擇，就是一個平等與善意的傳遞。

一個被尊重的人，能感受到他人對自己的重視、同理與理解，覺得自己在對方的心中是重要的；於是，歸屬感會提升，價值感也會拉高，也更樂於用善意來回應。這也是為何後來媽媽再次提出幫忙、而哥哥有空時，會發自內心願意去做的原因。

尊重，是把他人視為完整的個體看待。

表達在乎

「活著的意義為何」、「來到這個世界上的目的是什麼」，這些大哉問，可能活到某個歲數就會在心中環繞了。不過，沒有去思考不代表不在意；其實，人類是群體的動物，都在人群之中找尋歸屬感以及存在的意義，都渴望能有所貢獻以及被他人看見。

對孩子而言，這個「被他人看見」——尤其是被爸媽關注，認為在爸媽心中自己是獨特的——絕對是很重要的事情。這個希望被爸媽看見的渴望，有些人努力了一輩子，也不一定能得到。

這讓我想到我剛開始演講的時候，有位輔導老師曾與我分享一個孩子的事。這個孩子在國中一年級時，雖然表現沒有很突出，也算是中規中矩，不過，他卻在升國二時，行為上有了極大的轉變；從一開始與同學發生衝突，到後來的打架、偷竊……事情越鬧越大，班導師無法處理，只好請學校的輔導老師介入。

輔導老師定期與這個孩子談話，幾次之後，可能是建立某種信任關係了吧，孩子在輔導室說了一句：「如果我不這樣做，他們會來看我嗎？」這裡的「他們」，指的是爸爸跟媽媽。

原來，上了小學六年級之後，爸爸媽媽因為在外地工作的緣故，讓孩子跟阿公阿嬤住，幾個禮拜才回家一次，而且時間間隔越來越久。他很想念爸媽，一開始想要用好成績與好表現吸引爸媽多回來，可惜，爸媽只用金錢給予獎勵；雖然他手上的錢變多了，內心卻更為空虛。

有一次，他意外地與同學有了糾紛，互相推擠，打了起來，兩人被帶到教務處。因為是第一次，他很緊張，正當手足無措之際，眼前發生的景象，讓他不可置信：平時很少出現的爸媽，這次卻一起來到了學校。他突然意識到，不管表現得再好，還比不上一次闖禍，因為在當下，雖然爸媽是在責備他，可是眼睛卻是好好地正眼看著他，已經好久沒有這樣了。

心智尚未成熟的孩子，只想要證明「我在爸媽的心中是有存在的意義」，於是，「無論什麼事，只能要能被爸媽看到，就是好事」。

假使爸媽能在與孩子的互動與溝通上，適度地表達「我很在乎你」、「你對我而言是獨特的」，孩子的安全感會很充沛，內在能量是飽滿的，連帶負面行為也會相對減少。

日常生活中表達在乎

生活中傳遞出對他人最基本的在乎，就是互動時放下手機，眼睛看著對方，專注地聆聽與對話，把注意力放在眼前的人身上。所以，我會有意識地提醒自己，只要是跟家人或重要之人相處，絕對不滑手機。

除了透過行為，我也不時會在日常生活中，向兒子跟女兒用語言表達出我對他們的在乎。

在兒子準備要升國中三年級的暑假，就在開學的前一天，我卻有些悶悶的。家人們發現到我的悶，關心我怎麼了，我就跟兒子說：「兒子，新的學期開始，也表示你又長大了一歲。而這一年你因為要準備會考的緣故，從明天開始，一週有幾天要在學校留夜自習，晚上九點之後才會回到家，也等於我跟你相處的時間變少了，爸爸的內心有些淡淡地不捨。因為，有你在我們身旁的每一刻，都是很開心的。」

二〇二二年的世界盃足球賽，因為是阿拉伯半島的卡達舉辦，電視轉播時間大致是晚上十一點。我與兒子一起觀賞冠軍賽時，我對他說：「兒子，其實爸爸這次能跟你一起看世足賽是很開心的。因為，下一屆的比賽是四年後，你已經大學了，到時候，你是否住在家裡？會不會去跟朋友一起看？都很難說。所以，爸爸很珍惜現在與你一起享受每個進球的瞬間。」

又有一次，我們全家出遊，在車上女兒因為一些事情而生氣了。到了目的地後，氣還沒有消的她，堅持不下車。由於沒有辦法讓她一個人在車上，我看全部的人僵在原地也不是辦法，就讓老婆與兒子先去逛，而我留下來陪她。陪女兒的同時，我跟她說：「我知道你還在生氣，你先生氣吧，沒有關係。」停頓了一下，再接著說：「女兒，你知道嗎？我們都出來玩了，爸爸其實也很想要去逛，可是，我願意在這邊陪你，是因為爸爸不希望你一個人在車上會感到孤單；我想讓你知道，我很在乎你的感受。」

表達在乎的言語，是要讓對方感受到：

- **在我的心中，有個專屬於你的位置。**
- **我很珍惜你與我互動的一切。**
- **發生任何事情，我都會將你放在心上。**

表達的言語，無須誇飾，重點是孩子有感受到爸媽發自內心的真誠。孩子聽了，他的心會感到溫暖，認知到自己在爸媽心中是重要的；他無須強力揮手，也不用一直拚命跳得很高，才有那麼一絲絲的機會被看見。孩子會知道，他的存在是有意義的，是值得被所愛之人在乎的。

在孩子有情緒時表達在乎

先前有提到，一個有情緒的人，最渴望被對待的方式，是「陪伴」、「同理」、「理解」與「傾聽」，因為會感覺到自己是個值得被關心、被在乎的人。

其實，家人之間，最能夠表達在乎的方式，就是擁抱了。一個擁抱，勝過千言萬語，心中任何膨脹的情緒，都會得到軟化。當老婆因為孩子生氣了，我也是先給她一個擁抱再說。

年幼的孩子是依賴爸媽的，所以，只要大人願意擁抱，往往是很自然的。只是，孩子越大，特別是到了青春期，與爸媽連牽手都少了，想要擁抱更是難上加難。但爸媽依然能用其他方式來表達關心與在乎，像是拍拍肩膀、大腿、背等；只要孩子能接受，皆能夠透過有溫度的肢體接觸來傳達。

只是，有些孩子正在生氣，不願意讓爸媽擁抱時，該如何表達呢？

「你要媽媽抱抱嗎？」

「我不要。」孩子說。

「好，媽媽知道你在生氣，你先生氣吧。媽媽會想要抱你，是因為看到你這麼生氣，很心疼，所以想要安慰你。如果你不想要抱，也沒有關係，媽媽要讓你知道的是，如果你想要一個擁抱，媽媽一定會抱你的喔。」

另外一個情況是，孩子有情緒了，想跟爸媽討抱，可是，爸媽自己也有情緒，不想抱他時，該怎麼表達呢？

「媽媽抱抱，我要媽媽抱抱，我要抱抱啦。」孩子哭鬧著。

「孩子，我聽到了你說你要抱抱。只是，媽媽現在也在生氣，沒有辦法抱你。我是很愛你的，但是，媽媽現在狀態不好，等到我沒那麼生氣了，就能夠抱你了。」

假使孩子在討抱時聽到的話語是「你讓我這麼生氣，我才不想抱你勒」、「我不想要抱這麼不聽話的小孩」等，孩子會有被遺棄的感覺，內心只會更加受傷。

爸媽是可以有情緒的，同時，也盡量在有情緒的當下，說出有溫度的話。

孩子的到來，是一件令人期待的事

我現在跟兒子很要好，不過，他也曾經覺得我比較偏心女兒。大概在兒子小學四年級開始，無論我做了什麼或說了什麼，只要是跟女兒有關的，他都很介意，會說「為什麼我沒有」、「爸爸不公平」、「對啦，你就是比較疼妹妹」，之前都不會這樣。而且，同樣的事情，只要是媽媽做的，兒子就不會有如此的反應。

我也檢討過自己，自認為並沒有偏心的舉動，不過，還是要跟兒子確認比較好。於是，趁著一次兒子又對我說「爸爸就是比較偏心啦」，我邀請他來聊一聊。

「兒子，爸爸感覺到，最近似乎只要是我在處理你跟妹妹的事情，你都會很在意，會說『爸爸就是比較偏心啦』。你覺得有嗎？」我說。

「嗯，有。」

「所以，你真的認為我比較疼妹妹啊？」

「對。」

「你願意跟我說，你的感受是什麼嗎？」

「很難過。」

「難過什麼呢？可以跟爸爸說嗎？」

「我一直以為你是很愛我的，其實沒有，你是比較愛妹妹的。」

「怎麼說呢？爸爸有做了什麼事情，讓你有這樣的感覺嗎？」我很不知所措，不知道為什麼他會有這樣的想法，整個著急了起來。

「因為，我聽到了一件事情。」兒子沒有馬上回答，緩了一陣子才說。

「什麼事？請你一定要跟我說，好嗎？」

「嗯……嗯……」兒子遲疑了一下，才緩緩地說：「聽說，在媽媽懷我之前，你一直希望生的是女兒。但我就是男生啊，所以，你根本不希望是我啊。」兒子邊說邊大哭了起來。

「沒有，沒有，你怎麼會這麼想呢？」我立即上前緊緊地抱住兒子。

我聽到這句話時，一下子愣住了，因為，我從沒想過兒子會知道，也沒想過他知道了居然會有這麼大的影響。同時意識到，原來兒子是如此在意他在我心中的位置。

「爸爸，當你知道懷的是兒子時，會不會很失望？」我們抱了許久，兒子問我。

「兒子，爸爸希望你要知道，你在我心中是非常重要的。」我看著他說：「的確，在還沒有懷孕前，我是希望生女兒的。只是，當媽媽懷了你，在產檢時，知道是男生後，我真的好開心喔，開心到好想要在醫院大叫。你知道嗎？在爸爸的生命中，那種難以忘懷的喜悅、人生再來一次也要體會的事情，你的出生絕對是其中一個。所以，當我知道是兒子的時候，我沒有失望，真的沒有，反而是我遇過最感恩的事了。」我邊說邊流淚，兒子看到我哭了，又跟著我一起哭。「當時，知道是兒子時，爸爸就已經想著，將來可以跟你一起去打球、一起看NBA，一起去做父子之間可以做的任何事。很開心我們現在就是如此了。然後，當時的每個假日，我跟媽媽也會去購買一大堆你出生後會用到的東西，能夠去挑選給你的物品，真的好快樂。所以，兒子，你的出生、你的到來，對爸爸而言，是一件相當令人期待的事。」我們兩個已經哭到泣不成聲了。

「真的嗎？」兒子說。

「真的。」我擦拭了他的眼淚，再說：「不好意思喔，因為爸爸說的那句話，讓你的心情不好了，也令你有這樣的誤會。兒子，爸爸真的好愛你喔。」說完，我再緊緊抱著他許久。

這次深談完之後，兒子之前覺得我偏心的態度就幾乎沒有了，我們的關係與相處也更為緊密了。能夠與孩子如此開誠布公地說話，實在很棒。

後來，兒子上了國中，當我們在閒話家常、聊到「偏心」的話題時，我問兒子：「你還記得之前你覺得我比較疼妹妹嗎？」

「還記得啊。」兒子說．

「你現在還會這麼認為嗎？」

「喔，不會啊。」兒子很自然地回話。
「不會的話，就太好了。」我笑了笑。
「我知道你很愛我。」兒子說。
「哈哈哈，當然啊，媽媽、你跟妹妹，我是很愛你們的啊。」
讓孩子感受到，他來到這個世上，是一件被祝福、被期待，是充滿喜悅的事；孩子也會認知到自己是有意義的存在。

孩子，
謝謝你來當我的孩子，
謝謝你讓我成為爸爸，
你的到來，是我生命中最美好的禮物。

夫妻相處不是理所當然，也要表現出在乎

我剛與老婆交往時，每次約會都是如影隨形，要吃什麼、買什麼，人就在

身旁，問一聲就可以得到明確的答覆。如果當天沒有約會，不會碰面，一個人也方便，要買什麼東西，自行決定就好。沒想到，這樣的習慣，卻在結婚後產生了小爭執。

結婚後，如果是跟老婆一同外出，那就跟以前約會時一樣，要吃要喝自然地詢問一聲即可。只是，如果是單獨出門，我在路上想要喝點什麼飲料、吃些什麼點心，往往就習慣了只買自己的一份回家。

有次我去倒垃圾時，回家的路上到便利商店買家庭號牛奶，順手幫自己買了一罐鋁箔包裝的茶飲，沒想到，這個舉動卻惹得老婆有些不快。老婆淡淡地跟我說了一句：「我不一定會想喝，但是，我希望你要買的時候，可以問我一下。」

當下，我有些不解，認為這是我自己要喝的啊，我又不知道老婆要不要，所以只買自己的一份是很合理的；如果老婆想要，我再去買就好了。我不太了解她不高興的原因是什麼。

後來，我才想了起來，老婆從以前交往到結婚後，每次要買什麼都會打電話來問我：「老公，我要買○○，你也要嗎？」這個看似平常的舉動，我居然已經視為理所當然了。

我明白了，**重點不是買什麼，而是「我在那個當下有想到你」的在乎與重視**，是一種永遠被一個人惦記的感動。當我想到這一層，內心實在有些羞愧，立刻告訴自己，不能用「沒想這麼多」的理由來搪塞，而是要時時刻刻把老婆惦記在心裡。

後來，當我在外面時，無論是自己想要買的，或是覺得老婆可能會喜歡的，我就會主動多買她的那一份。如果不確定，也會打電話或留言給老婆問一下。

夫妻的相處，從一開始的濃情密意轉為平淡，是從情人變成家人的過程。只是，要創造火花，並不一定每次都要靠浪漫大餐、燭光驚喜、昂貴禮物，而是，「我無時無刻都在惦記著你」的在乎。

「我經過一家店，記得你喜歡吃，我買一份給你喔。」

「上次聊天時，你好像說缺一個放零錢的小包，我剛剛回家路上有看到，你看看適合嗎？」

「我今天會比較晚回家喔。你今天好像有些累，擔心你太累，就不用等我囉，想睡了就先去睡吧。把自己照顧好比較重要。」

這樣的細水長流比瞬間煙火來得更讓人心動，也是一種愛的體驗。

表達包容

記得是我小學三年級的時候吧，我希望考試的分數提高一些，做出人生中第一次的作弊。考完試後，我的心情很不安、非常地糾結，因為我知道這樣做是不好的。慌張了一堂課後，下課時，跑去老師辦公室找我的媽媽。

我媽是同校國中部的老師，正好要去下一堂課，在走廊上遇到我，問說：「找我嗎？」我支支吾吾地沒有說話，媽媽可能也發現了我的緊張，靜靜地在原地等我。等了一會兒，我才開口說：「媽，我在剛剛的考試作弊了。」說完，眼淚如同噴泉一般，狂流不止。

我媽沒有多說什麼，也沒有責備，只有拍拍我的肩，說：「好，我知道了。媽媽覺得你願意鼓起勇氣告訴我，是很棒的。」然後表示晚點再談，就先去上課了。

還記得我當時在媽媽的面前、準備要開口的那一刻，心跳得好快喔，非常非常地緊張與擔心。可是，媽媽的回應讓我的心安定了下來，有鬆一口氣的感覺；這個心情上的回穩，是在明知自己不對的情況下，被媽媽包容了。

包容的感受是：

「爸媽接納了我是一個會犯錯的孩子」；

「爸媽欣賞著我願意坦承錯誤的勇氣」；

「雖然我犯了錯，爸媽依然相信著我、愛著我」。

後來，我與媽媽聊了之後，隔天就跟班導師坦承作弊的行為，調整了分數。同時，我也告訴自己，作弊的罪惡感太不好了，而且媽媽相信我能用實力去考試，所以之後絕對不要再發生了。

沒有一個人會想要犯錯，只是，每個人都會犯錯。犯錯了，孩子多少是曉得的，內心也是複雜的；此時，能被一個他愛的人理解了、包容了，才是讓他往後不會再犯的最大動力。

給予允許犯錯的空間

有位媽媽說，四歲的女兒一生氣就會抓媽媽，時常把媽媽的手抓出痕跡。待雙方情緒平穩後，媽媽會跟孩子說：「你剛剛生氣的時候很用力地抓了媽媽，媽媽真的很痛。這是被你抓的痕跡。孩子，你可以生氣，但是不可以像這樣抓媽媽喔。」

這位媽媽想問我的是，每次這樣說話，女兒都是不回話的，眼神還有些閃爍。媽媽不知道女兒怎麼了，也不明白該如何繼續溝通下去。

我猜測孩子的反應是來自於自責，但需要試著核對，於是，邀請這位媽媽做模擬的練習，讓她知道回去後可以如何對話。

「女兒，怎麼了？怎麼都不說話呢？」我扮成媽媽說。
媽媽扮成女兒，沒有說話。
「你的不回話，是覺得不應該抓痛媽媽，是嗎？」我嘗試核對她的想法。
女兒微微地點點頭。
「女兒，你有生自己的氣嗎？」
「有。」女兒回話了。
「有喔。」我溫和地看著她，緩緩地說：「女兒，媽媽想跟你說的是，媽媽沒有怪你。我知道你不是故意的，你也不想這樣，對不對？媽媽雖然有點痛，但是沒有生你的氣喔。」
「媽媽，對不起。」
「好，媽媽抱一個。」我接著說：「你抓媽媽是因為生氣，不過，抓人是不對的喔。我能明白你還在學習，之後你生氣了，我們要慢慢練習用別的方式來生氣，而不是抓人，好嗎？」
控制情緒的能力是大腦的前額葉在掌管，通常要到二十五歲才會趨於成熟與穩定。所以，情緒一來的瞬間依靠本能來應對，在孩子身上是很常見的，像是，出手打人、罵人、回嘴、哭鬧、不耐煩等；特別是學齡前的孩子，許多的情緒反應更是出於衝動的反射。

傷害他人是不對的，只是，面對一個知道不應該這麼做、有努力想要控制、但卻尚未有足夠能力來控制的孩子，爸媽需要的思考角度是「他不是故意的，他需要的是我們的包容與引導」。

自責的孩子，感受到了原諒與理解，會有一股暖流注入心中。從被寬容的懷抱中，得到了信任，相信他會因為這次的事情而獲得成長、相信他會越來越好；透過犯錯的經驗值，成為一個更好的自己。讓孩子知道，他犯錯了，爸媽會教他、引導他，而且，爸媽依然是愛他的；這也是一種無條件的愛。

包容，是給予彼此一個允許犯錯的空間，並且相信在犯錯中能獲得成長。

相信孩子的錯是有原因的

另外一位媽媽問我，小四的兒子跟來家裡拜訪的表妹在房間玩，突然，房間傳出表妹的大哭聲，原來是兒子很生氣地出手打了對方。問兒子為什麼要打人，兒子說因為表妹用東西打到他，而表妹說是不小心的。在場的大人不知道詳細的情況，但是都認為兒子應該去說聲對不起，不過，兒子卻堅持不要道歉，一臉很氣憤的模樣，僵持不下，讓媽媽覺得很尷尬。於是，問我該怎麼跟孩子溝通。

「兒子，媽媽看得出來你很生氣。剛剛你跟表妹在房間裡，媽媽不清楚你們發生了什麼事，不過，媽媽知道你不是一個會隨意打人的孩子，你會打了表妹，相信有你的原因。只是，打人是不對的喔。所以，媽媽願意等你，等到你沒那麼生氣了，再跟我說，我一定會聽的，好嗎？」我示範給這位媽媽聽，她聽完了直說好感動喔，問我是否可以錄音，讓她回家依樣練習。

包容，是當看到孩子犯錯，不會因為當下的情緒與壓力而去指責，而是願意理解他這麼做的原因是什麼。

從犯錯中引導孩子

兒子在小學低年級時，很常忘東忘西，不是忘記把功課帶去學校，就是忘記把學校的東西帶回家，像是功課、外套、水壺、鉛筆盒、餐袋，彷彿學校是個黑洞，物品一進去就會消失。

第一次兒子忘記帶東西時，我們是好好提醒，可是沒多久後，他又發生了好幾次，相信一般的爸媽很難不會有情緒。假使我對他的說話方式是「你實在是有夠粗心耶」、「你到底有沒有用心啊」、「你說下次會記得，結果呢，你這樣要我怎麼相信你」，這些話語只會讓孩子更加討厭自己。

我們怎麼看待孩子，會成為孩子將來如何看待自己的方式。

於是，當提醒之後，兒子又忘記把東西帶回家時，我依然是平和地與他說話，除了讓他體驗忘記帶的自然後果，但也同時嘗試引導他。

「兒子，你記得要把這項功課帶回來的，是吧？」我說。
「記得。」兒子說。
「你可以告訴爸爸，是什麼原因你卻忘記帶了呢？」
「我不知道。」
「沒關係，你記得是什麼時候寫聯絡簿的呢？」
「早自習的時候。」
「所以，你當時就知道今天的回家功課有哪些了，對吧？」
「對。」
「你通常都是在什麼時候會把今天的功課放到書包裡？」
「放學的時候。」
「今天有做這個動作嗎？」
「沒有。」
「是什麼原因沒有呢？」
「因為時間太趕了。」

「太趕的意思是什麼？可以跟爸爸說當時發生的過程嗎？」

「從下課到排路隊的時間只有兩分鐘，我擔心會讓大家等我，所以就沒有仔細看了。」

「喔，因為當時很著急？」

「對。」

「明白了，爸爸知道你不是故意的，也想要把功課完整地帶回來。只是，下課後能整理的時間比較倉促，導致你很著急，所以才會忘記，是這樣嗎？」

「嗯。」兒子點點頭。

「兒子，你覺得可以怎麼做，在之後遇到類似的狀況，是能夠不著急地記得把功課帶回來呢？」我接著引導他。

「我可以在前一堂的下課，或是打掃前的空檔，就先確認功課有沒有放進書包裡，這樣時間上是充裕的。」

「這個方法很不錯喔。兒子，你也不希望忘記帶功課回來，所以，是沒有關係的。而且，你願意從忘記中試著找方法記得，真的很棒喔。你明天就試試看，如果還是忘記了，也沒關係，我們再一起想別的方法。」

除此之外，這些是我用來引領孩子思考，如何為自己負責的提問句：

「你覺得可以怎麼做，之後遇到類似的事情，是能夠記得的呢？」

「下次發生同樣的事情，我們可以怎麼做能更好呢？」

「往後又發生同樣的情形，爸爸有些建議，你願意聽聽看嗎？」

後來，隨著兒子升上中年級跟高年級，找到適合的方法來提醒自己，同時，自律能力也比較進步了，東忘西忘的行為的確大量地減少了。而且，只要他有一絲絲的進步，我都給予稱讚。**爸媽多看到孩子在錯誤中的進步並稱讚，他才會更加喜歡與欣賞自己。**

以不同的角度看孩子

曾有位媽媽來詢問關於孩子的事情時，一直說他的兒子調皮、搗蛋、不聽話、粗心大意、不積極……說了一堆。我反問：「媽媽，你覺得他有什麼優點呢？」沒想到，她卻支支吾吾，彷彿要擠出一、兩個都很困難。

我們不是完美的，應該是說，沒有人天生是完美的。每個人都有自己的優缺點，大人如此，孩子亦同。再加上傳統觀念的影響，認為做人要謙虛，不然會過於自滿，所以不能稱讚孩子，甚至還要講出孩子的缺失，他才會有進步的空間，於是，爸媽時常聚焦在孩子的不足。倘若爸媽無法接受這樣的孩子，對他只有批評與指責，把缺點放大，孩子的內在價值感與自我認同感也會相對低落，容易沒有自信。

爸媽對孩子無條件的愛，是愛他的優點與缺點。當然，該引導的部分還是要做，只是，爸媽可以把眼中的孩子的缺點縮小，優點放大，試著用正向角度來看待他。如同看待裝有半杯水的杯子，「唉，怎麼只剩下一半的水」與「太棒了，我還有一半的水」，同樣的杯子，心態的差別來自於看待的觀點。

很歡的孩子，有主見又夠堅持。

愛哭的孩子，心思細膩、感知敏銳，是貼心的。

粗心的孩子，不拘小節、個性隨和。

抱怨的孩子，懂得表達與抒發情緒。
回嘴的孩子，思路清晰、反應快速。
頂撞的孩子，勇於表達意見與想法，只要懂得如何修飾說話的方式，肯定會更好。

包容孩子的缺點，不是粉飾太平，假裝看不到。而是，當爸媽的內心不再糾結，全心地接納孩子，願意多看見他的好，態度也會跟著改變。當孩子發現爸媽看待他時是笑的、是喜悅的，而不是皺眉的、生氣的，孩子也才會發自內心地覺得自己是個很棒的人。

表達自由、獨立與信任

有兩個人，從一開始就注定將來要離開對方，就是親子。這個離開，不是成為永不見面的陌生人，而是在形式上，雖然不依賴彼此、不一定每天能見到面，可是，依然想念著彼此、祝福著彼此。對方過得好、過得幸福，自己會比任何人都開心。在實際的互動上，看似有了距離，然而，在心與心的連結上，依然掛念著彼此，把對方放在心中一個很重要的位置。就算有了距離，也不會質疑對方的愛；只要有需要，絕對會在彼此的身旁。

孩子最終是要獨立的，爸媽的責任是協助孩子邁向獨立。在獨立的體驗中，他會感受到自由，那種「我能做自己想做的事」的絕佳感受。不過，自由的代價，就是伴隨著責任。所以，教養的目的是讓孩子在獨立之後不再過度依賴爸媽，並且，有能力為自己的一切負責。

這段歷程需要的是循序漸進。當孩子尚年幼，還未有行為能力，「爸媽要介入、與孩子共同討論」的區塊有很大面積的重疊（圖一）；當孩子漸漸成年，爸媽和孩子形成互相平等與尊重的兩個圈，需要彼此介入的面積變小，但中間依然有一條連著彼此的關係線（圖二）。直到孩子終於獨立，孩子組成屬於自己的家，依然不變的是與爸媽的關係線（圖三）。

孩子需要獨立與自由，也渴望得到獨立與自由．只是，這個自由在孩子還未成年時，是在某些規範內所給予的空間，也就是「有限制的自由」；一開始是限制多、自由少，再隨著孩子的自律，自由度越來越大，直到成年的完全獨立。在這個過程中，只要與孩子討論好規範，開放了自由，爸媽就應該要給予足夠的信任；當然，爸媽依然要持續觀察，有需要時再與孩子進行良好的對

圖一

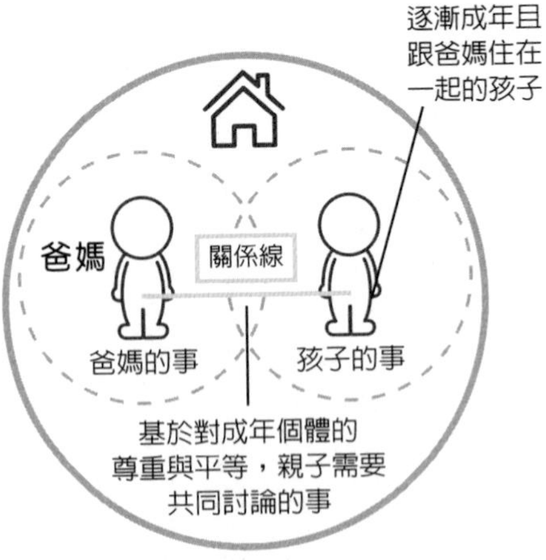

圖二

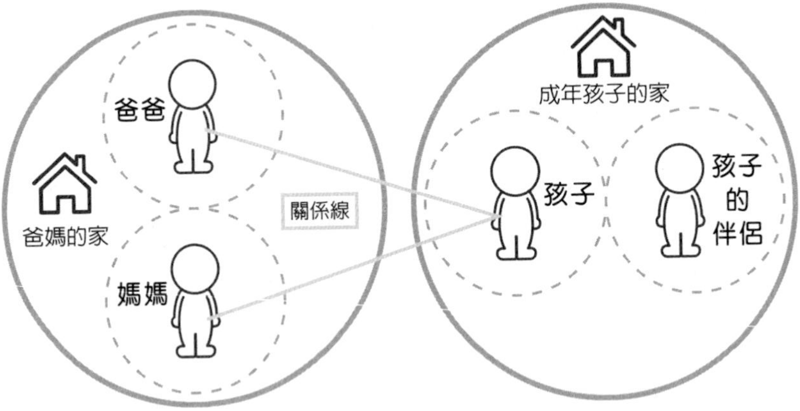

圖三

爸媽循序漸進、培養孩子邁向獨立的概略圖

話，重新調整自由度。

一個渴望自由，也理應獲得自由的孩子，面對強勢且要求只能聽話的爸媽，容易呈現反抗或認命的兩種極端反應。

許多正值反抗青春期孩子就會高喊「這是我的隱私」、「我不要你管我」、「我有我的自由，你不能約束我」等強調自由的言論，可是事實上，他渴望擁有自由，但是尚未有相對應的能力去擔起責任。

由於孩子的反抗聲音來自於自我意識的成長，以及被約束下的反彈，所以，爸媽應該先做的是反思與對話。

「你覺得爸爸之前管很多嗎？」「有哪些事情，你認為媽媽應該要再多相信你呢？」「關於我們的規範，你覺得有哪些地方是需要調整的呢？」關於這條管教的界線，與孩子好好地溝通與討論吧。這很需要爸媽的智慧，因為，感覺被挑戰的大人，容易用慣性的方式利用權威來壓制孩子，如此只會導致親子溝通上的阻礙。

這是我的自由，不要你們管

平時，女兒要在晚上十點前躺好準備睡覺。可是，小五的她，有段時間時常東摸西摸，看書看到自己滿意了才願意關燈，拖到很晚才睡覺。考慮到她尚在成長的初期，我與老婆依然希望她能早一點睡覺，當然，這位有主見的女兒怎麼會聽我們的話呢。當我與老婆想要介入提醒，她卻說了一句：「幾點睡覺是我的自由，不要你們管。」於是，我趁著某次她早上起不來、差點遲到的機會，好好地與她談談。

「女兒，你今天早上起不來，差一點就要遲到了，對不對？」我問。

「嗯。」

「你覺得早上起不來，跟前一天晚睡覺，有關係嗎？」

「有啊，我知道。」

「既然晚睡覺可能會讓你遲到或是影響上課的精神，你有想過要早一點睡嗎？」

「我不要，幾點睡覺是我的自由，不要你們管。」

「女兒，爸爸的目的只是想要了解你的想法而已。你可以跟我說，是什麼原因明知道有後續的影響，但是你還是想要晚睡呢？」

「哥哥也晚睡啊！」

「你是因為看到哥哥晚睡，所以才想要晚睡的嗎？」因為她提到了哥哥，所以，我嘗試核對她的想法。

「嗯，哥哥可以，為什麼我不行？」

當時兒子已經是國九生了，他從國八開始，偶爾會因為考試的緣故讀書超過十一點，甚至到凌晨。到了國九，因為考試更加頻繁，我們對於他的睡覺時間才比較放寬，不過，他必須遵守隔天早上要能準時起床的規定，這是為自己的決定負責的一環。

「所以，你是羨慕哥哥的嗎？」我問女兒。

「對啊。」

「羨慕哥哥什麼呢？」

「他可以自己決定幾點睡，還能在房間一直看書，真好。」女兒說。

「喔，原來如此啊。」

我明白女兒堅持的原因是什麼了。她看到哥哥的自由，也渴望能得到相同的自由；可是，她卻忘了，一個是國九生、一個是小五生，兩個人的基準點是不同的。

「女兒，聽到你所說的，其實爸爸很高興耶，表示我的女兒長大了。你希望有更多能由自己決定的自由，這是一件非常棒的事情喔。」我輕輕抱著她說：「哎喲，我的寶貝長大了，好棒了。」

「女兒，我知道你希望跟哥哥一樣，可是，你還記得當哥哥小五的時候，是幾點要關燈睡覺呢？」我接著問。

「忘記了。」她搖搖頭。

「跟你先前一樣，十點。」我繼續說：「我能明白你羨慕哥哥的心，只是，你還在成長，睡眠對你很重要，你也希望能長高一點，不是嗎？爸爸會擔心如果因為晚睡而影響到你的身高，真的很可惜。哥哥現在能長這麼高，多少跟之前睡眠是充足的有關喔。」

「可是，我十點就還不想睡嘛，而且，我也想要看書到一個段落了再睡。」女兒說。

「你有自己的想法，真的很不錯，是值得讚許的。爸爸有個提議，你願意聽聽看嗎？」

「好啊。」

「爸爸希望你能早點睡，是因為健康，你們的健康永遠是我最在乎的事。而且，睡得飽，早上也才不會賴床啊。」我接著說：「爸爸的建議是，你是否能在十點前把所有睡覺前該做的事情都做完。然後，我們討論一個彈性時間，例如十五分鐘，在這段時間內，你可以看書，然後最晚十點十五分關燈睡覺，如何呢？」

「好。」很明顯地她笑了。

「嗯，爸爸相信你可以做到。當然，等你到了哥哥這個年齡，只要成長曲線是穩定的，也可以跟哥哥現在一樣喔。」

當孩子釋出自己的想法，是想要擁有更多的獨立與自由時，爸媽在與孩子討論的過程中，試著讓他感受到：

- **對於孩子的長大，爸媽是欣賞的、是高興的。**
- **爸媽接納孩子對於獨立與自由的渴望。**
- **表達出爸媽為何要有限制的良善之意。**
- **爸媽是樂意對於孩子所提出的需求進行討論的。**
- **在討論的過程中，爸媽對孩子有著高度的信任。**

後來我也跟女兒說：「你能夠擁有想法並且跟爸爸討論，這是很好的喔。不過，你剛剛是說『幾點睡覺是我的自由，不要你們管』，爸爸希望你能夠換另一種說法。」我接著說：「如果你因為晚睡而影響到健康或是上學遲到，爸爸也有可能要陪你去看醫生或是跟老師說明，這些都與我有關，這也表示你還無法為自己負完全的責任。所以，請你不要說『我不要你們管』，而是把你的想法好好跟我說就可以了。」

3C的約束與自由

很多爸媽認為 3C 產品會為孩子帶來不良的影響，但其實，3C 產品是中性的工具，端看擁有的人如何使用。能夠避免過度沉迷於 3C，需要具備足夠的自律能力。許多研究顯示，一個人的自律度大概要到十八到二十五歲才會趨於成熟與穩定，所以，在理想上，大概要到升大學才能夠讓孩子完全不受約束地使用手機與 3C 產品。只是，現今沒有手機反而是異類的年代，要做到這個理想是困難的。

我觀察到許多爸媽在孩子小學階段時，會限制使用 3C 的時間，到了孩子上國中，爸媽可能認為他夠大了，就給予手機但不控管，往往發現失控了才想要訂定規則。如此，反而造成孩子的反彈以及家庭衝突的擴大。

在 3C 的約束上，爸媽要盡量做到一步一步、階段性的放手，依照孩子的自律能力逐步地放寬規定。同時，講好規則後，勢必要給予尊重，在規則內讓孩子自由地運用 3C，不做過度介入；但要從旁觀察，有必要時再提醒或重新討論規定即可。倘若在講好的規則內，爸媽不時插手或隨意更改規則，只會讓孩子感到不受信任。

能越晚給孩子手機是越好的，如果真的需要提早給的話，在3C的使用規則上，我建議採取科技管理：現在手機中有iOS系統的內建功能「螢幕使用時間」、Android系統的「Family Link」App，微軟也出了一款「Microsoft Family Safety」的App可供下載，歡迎爸媽們上網查詢參考。年幼的孩子可由爸媽決定是否安裝上述程式，但是孩子越大，特別是國、高中生，請務必要與孩子討論清楚再實施喔；這時候，良好的溝通習慣與緊密的親子關係，就顯得很重要了。

在孩子的自由範圍內，不應再有過度的規定

兒子在國中時是沒有手機的，偶爾要跟同學出門時，我們有一隻備用機可供他使用。第一次把備用機交給他，是在他小學的畢業旅行。當時，我們事先

設定好手機內的「螢幕使用時間」程式再交給他。雖然把手機讓兒子帶出門，理應任他運用，不過，我們還是希望兒子可以主動報平安。

當然，才十歲的他，並不明白為何一定要報平安。畢旅是跟著學校老師去的，我們固然放心，也很少傳訊息給他，只希望至少兒子早上起床或是回到飯店後的睡前，能與我們傳個訊息或通個電話。只是，他很少主動這麼做。

畢旅回來後，我們聊到此事時，兒子不解地說道：「我很安全啊，為什麼一定要告訴你們我在哪裡？」我好好地跟兒子說出我們的擔心，但他仍是一副「幹麼這麼擔心」的模樣，覺得我們為什麼要管那麼多。

「兒子，我們會想要你報平安，不是因為不相信你；無論你是跟學校出去，或是將來跟朋友外出，我們都相信你可以照顧好自己。」我先釋出對兒子的信任。

「只是，你們在外面所遇到的人跟事，都是不可控的，特別是以後你要跟同學出去，假使身旁沒有大人的話，我們難免會有些擔心，我跟媽媽會有一顆心懸在那邊。」我再接著說。

「爸爸是大人了，媽媽也會擔心我是否平安抵達演講的地方，畢竟凡事都有意外。為了讓媽媽安心，我到了高鐵站、到了演講地點、演講完了，都會傳個訊息告知。這些動作都是我主動做的，不覺得麻煩，因為，媽媽是我愛的人，我想要讓她放心。」

說完，我把一直以來傳給老婆的手機訊息拿給兒子看。兒子看了，感到有些驚訝。

「現在你長大了，爸爸很開心，你也會有不需要我們跟著、單獨外出的時候。當你出門了，向我們告知你的狀況，那不是義務。爸爸媽媽是歡迎你在想到時，傳個訊息說聲你到了、會晚點回家或晚個幾分鐘到……做個簡單的動作，我們就會心安了。」

「爸爸這麼說，不是要造成你的負擔，所以，假使你忘了或當下在忙沒有傳訊息，都沒有關係喔。最重要的是你可以玩得開心，平安回家。」

這次講完後，兒子後來跟同學出去，每到一個地點都會主動告知我們。有時，當他的同學們都在玩手機，沒有在互動時，他還會找我們聊天呢！

每個人對於自由都是渴望的，特別是正在邁向獨立的孩子。獲得自由是喜悅的，從獨立中，也能感受到「無須依靠大人」的自我肯定。假使行使自由的過程中，大人一直不斷地指點與強制規定，孩子只會更加地抗拒。

後來，兒子說他之所以願意主動報平安，是因為明白我們的要求，不是枷鎖而是邀請，不是不信任而是一份放在心上的掛念。而且，無論他是否有做到，都是沒有關係的、是開放的。有了這一層的放手，反倒開啟了兒子自願報平安的貼心。

表達教導的良善動機

上一篇有提到，在孩子成年之前，獨立與自由是在某些規範之內的，所以，爸媽有教導的義務。只是，**在教養的當下，如何讓孩子感受到「我是愛你的」**才是重點。

教養的氛圍

教養的目的，是讓孩子明白爸媽為什麼要這麼做，以及怎麼做能讓孩子更好，不是要讓他害怕爸媽。所以，在孩子的面前，爸媽所呈現的姿態，不能是讓他感到恐懼與害怕的，而是在「平等」、「尊重」與「接納」的交流下，建立孩子的觀念。下面幾點是需要留意的。

- 爸媽的情緒是穩定的。
- 邀請孩子在爸媽身旁坐下，眼神是平視的。
- 溝通時，避免有「命令語句」、「說服語句」以及「批評、責備與否定語句」。
- 先把重點放在「關心人」，而不是「解決事情」。
- 以「好奇」的心，多採取客觀的提問，來理解孩子行為背後的動機與需求。
- 先連結情感，再糾正或討論行為。

- 爸媽要有堅持的底線，也樂意與孩子一同討論，形成教養的共識。
- 假使孩子有了情緒，爸媽要以穩住自己為先，下次再談也沒有關係。
- 教養的當下，鼓勵孩子思考，以及在有限制的範圍內，放手讓他選擇。這是從犯錯中累積經驗的好機會。

教養之下表達愛

有位媽媽詢問我以下狀況：星期天的早晨，全家人準備出遊之際，媽媽在簽小學三年級孩子的聯絡簿時，發現功課尚未完成。由於是跟朋友相約出遊，計畫要玩到晚上九點才會回來，於是媽媽馬上叫孩子來寫功課。孩子卻說他不想寫，不管媽媽怎麼講，不要就是不要，直說玩回來才要寫。媽媽不知道該怎麼處理。

「孩子，你說你現在不想寫啊？」我邀請這位媽媽來模擬對話，我先扮演成媽媽。

「對啊，我不要寫，都要出去玩了，為什麼一定要寫功課？我要回來才寫。」媽媽扮演成孩子，用孩子說過的話來回應。

「怎麼啦？寫功課很煩啊？」

「對啊，太煩了，所以，我不要破壞出去玩的心情。」

「你有哪些功課要寫啊？」

「有國文、英文與數學。」

「你覺得哪一個最煩、最不想寫呢？」

「國文。」

「喔，英文跟數學還好，是不是？你可以跟媽媽說，寫國文的時候，發生什麼事，會讓你這麼煩呢？」

「國文的生字好多，每課都有十幾個；而且，老師還要求我們每個字寫三遍，字體還要端正，如果寫得歪七扭八，就會被圈起來重寫，超煩的。」

「孩子，我聽得出來，你在寫國文的時候，應該覺得很累，手很痠，有沒有？」孩子點點頭，我繼續說：「而且，你可能為了要符合老師的標準，擦掉重寫好幾遍，也會感到很挫折，對嗎？」

「對啊。」

「孩子，寫功課真的辛苦了。你之前在寫功課的時候，寫好久，然後重複擦掉再寫，媽媽好心疼喔，也明白你為何覺得功課很煩了。」這時，爸媽可以上前抱抱孩子。

「我們預計中午十二點出門，如果你想把全部的功課留到晚上回來才寫的話，我擔心你會因為玩得很累了，更不願意寫或是隨意寫一寫，如果不符合老師的標準，怎麼辦呢？」我接著說：「媽媽希望你不要被老師處罰，也希望你下課的時候可以出去玩，不用留在教室裡訂正。那麼，我有個提議，你要不要聽聽看呢？」

「好。」孩子說。

「既然數學跟英文你覺得還好，要不要出門前先寫完這兩項，有不懂的我都可以跟你一起看，怎麼樣？」

「好啦。」

「國文的話，因為真的很煩、也很累，如果還有餘力，你再看看是否願意分批寫，因為媽媽希望你等一下可以放心地玩。」我繼續說：「可是，如果剩得太多，我們還是需要討論一下喔。看你要不要帶出去寫，趁著大家在吃飯的時候，你多寫一些，我可以陪你。」

「等一下我寫功課的時候，你要來陪我喔。」孩子說。

「當然沒問題啊。只是，還是要提醒你，如果你要留到回家再寫的生字太多，我會評估一下；為了讓你有足夠的時間與精神來面對功課，我們可能會提早回來囉。所以，這段時間你加油，有需要我的地方，我都很樂意陪你。」

教養不是放任，更不是隨便孩子，而是在底線之上，與孩子進行溫和且堅定的討論。

而在教養的當下，還能夠讓孩子感受到「我是愛你的」，很重要的是在表達時：

- **理解孩子所遇到的困境。**
- **傳達出「我們為何要教導你的良善動機」。**

理解孩子遇到的困境

孩子在學齡前，思考偏自我，行為也比較依靠直覺與本能。隨著年齡漸增，逐漸社會化之後，多半會明白所處環境的規則、約定與責任。一個明知道考試作弊是不對的孩子，卻還是做了；一個明知道假日只能打半小時電動的孩子，卻忽略鬧鐘的提醒繼續打下去；一個明知道上課一直講話會被老師處罰的孩子，卻依然大聲喧譁；明知故犯的孩子，通常表示他在心理上遇到了困境。

我以大人來舉例。

明知道應該要去上班的大人，每天一早醒來時卻只想請假。是否在工作上遇到了困境呢？

明知道讓孩子長時間使用 3C 產品會有負面影響的大人，卻不想把 3C 收起來。是否在育兒上遇到了困境呢？

明知道與其他異性有過度親密的接觸是不好的，卻依然這樣做了。是否在夫妻相處上遇到了困境呢？

同理可證，從幼兒園就開始上學的孩子，到了高年級或國中卻說不想上學了。是否在學校的學習或人際關係中遇到了困境呢？

這些心理上的困境，通常是在連結內在的需求、也就是在追求「歸屬感、價值感、認同感與希望感」時，遇到了阻礙與難關，但卻不知道如何處理與應對。心裡覺得痛苦、慌張、不知所措，然後採取忽略或逃避的方式；可是，內心深處又渴望滿足這些需求，於是選擇用其他的替代方式來填滿坑洞——儘管這些方式是帶著情緒的、是衝撞規則與約定的、是違背責任的，但是卻依然去做，因為實在是不知道該怎麼辦才好。

就如同爸媽知道，一直嘮叨孩子會讓他感到厭煩，而且他也不一定會去做，但是，爸媽為什麼還是要一直嘮叨呢？因為，爸媽很焦慮，並且想不出其他的方法。

有一次，即將要段考的兒子不想去念書，他看漫畫、聽音樂、走來走去找妹妹玩，就是不想坐在書桌前。老婆看到兒子耗了幾個小時，越來越焦慮，提醒好幾遍「可以囉，要不要看看現在幾點了呢」、「你到底什麼時候才要去念書啊」、「你這次的成績要掉下來了嗎」。兒子聽了，一開始只是敷衍說好，到後來變成越來越有情緒的回應：「好啦。」「會去念啦。」「你到底要講幾遍！」當然，這樣的說話方式讓老婆很不高興，最後她回到房間生悶氣，選擇視而不見。

我後來分別去跟兩人說話，先點出他們各自的困境，並且嘗試理解。

我對兒子說：「兒子，其實，你知道該去念書了，對不對？只是，你覺得很煩、很累，讀到不會的還很挫折，所以內心很糾結，爸爸明白。這麼糾結的情況下，媽媽還在旁邊一直提醒，只會讓你覺得更煩，是不是？」

我對老婆說：「老婆，你會提醒這麼多遍，也是因為擔心他，特別是兒子上次沒有考好，你不想要他這次又懊惱了，我懂你的心情。現在會這麼生氣的原因，是因為你覺得兒子沒有體會到你的苦心，是嗎？」

他們聽完我說的這段話後，情緒很明顯地比較平穩了，也願意多說一些自己的想法。我在傾聽的同時，也用「嗯，我知道」、「是啊，我明白」、「真的，我能理解」來做出回應，表達理解之意。

要讓孩子感受到，爸媽能理解他所遇到的困境，就要試著說出「客觀的事實陳述」＋「對方遇到困境時的心境與感受」。

不過，因為我很了解老婆與兒子，所以能夠自在地說出他們當下的內在困境。假使我不明白對方的心情，我會先以好奇的提問來進行探索。例如，「你知道作弊是不好的，是什麼原因讓你還是想做呢」、「你知道上課講話可能會被處罰，是什麼原因讓你還是想講呢」、「你不想去上學，是因為在學校怎麼了嗎？有發生什麼不開心的事嗎」，然後猜測一下對方行為背後的動機，是連到哪一種內在需求，大概就可以了解他遇到的困境了。

教導孩子的良善動機

假使面對的是一個陌生人，即使他的舉動是不好的，我們可以選擇不要理他，擦肩而過、裝作沒看到就好。可是，孩子不是陌生人，他就是我們所愛的人，當我們想要對他進行教導時，我們的心中多少有著良善的動機。

要讓孩子感受到爸媽為何要教導他的良善動機，需要在表達時嘗試傳遞出「關心、肯定、支持、包容、相信、理解、尊重、接納、在乎，以及無條件的愛。」也等於是連結到薩提爾冰山理論中的渴望層次。

面對3C互動的良善動機

在給國中爸媽的演講場合，我很常拿手機的議題來當作對話示範。有次，有位爸爸表示國八的兒子已經沉迷於手機了。全家人在吃飯時，他都一直在滑手機；提醒他好幾遍，他只會回「嗯，快好了、再一下」，導致每次吃飯的氣氛都不好；如果強制要求，兒子還會生氣走人，不吃直接回房間。這位爸爸不知道該怎麼辦。

我邀請這位爸爸先耐心等待兒子使用手機告一個段落，等他放下手機開始吃飯了，試著在餐桌上開啟有趣的話題、聊彼此有興趣的事情，讓全家相聚的氛圍是好的。

等到差不多快吃完飯時，可以試著跟兒子說：「兒子，爸爸剛剛跟你聊天好開心喔。你知道嗎？爸爸發現啊，自從你上國中之後，我們跟你相處的時間變好少喔；你的課業變重了，除了寫功課跟讀書之外，有的時候還要去補習班。所以，爸爸特別珍惜與你一起吃飯的時光。」

「剛剛在吃飯時，看著你低著頭滑手機，我的內心就有一點失落，因為我有好多有趣的事想要跟你分享。不過，我明白你有自己的事情要做，爸爸也是理解的，所以，才沒有要求你立刻收起來。明天晚餐時，我先提醒你時間，等你把事情處理到一個段落再來吃飯；到餐桌上時，我們就跟剛才一樣，不拿手機，只有聊天。這樣子做，你覺得如何呢？」

以上這段表達，傳遞了對孩子的「在乎」與「尊重」。

面對考試壓力的良善動機

前面有說到，我女兒感受到的考試壓力，有部分來自於同學對她的期待過高。每次考完試之後，有些同學會跑來問她的分數。如果她考得還不錯，同學會呈現一副「這樣很正常」的模樣；可是當她沒考好，同學的反應是較為誇張地說「怎麼可能」、「你怎麼會考這樣」、「天啊，我考贏你耶，太不可思議了吧」，讓女兒感覺到彷彿自己不能有失誤，分數要有一定的標準似的。這種不能鬆懈的壓力，讓她很排斥。

我抱了抱女兒，緩緩跟她說：「女兒，當同學們都盯著你的分數時，你肯定會有壓力的，我明白這樣的感覺很不好受。雖然爸爸不能夠為你做些什麼，我只想讓你知道，無論分數是多少，你永遠是我最棒的女兒。考得不錯，我替你開心；考得不好，也沒有關係。只要你有付出努力，都是很有意義的。」

「如果你因為同學的言語而心情不好，你回來跟爸爸說。爸爸會聽你抱怨、抱抱你、安慰你，當你最好的抒發垃圾桶，好不好？」

上述這段表達，傳遞了對孩子的「包容」、「接納」與「無條件的愛」。

從探索內在需求中表達愛

一對夫妻來聽我的講座，舉手詢問關於國八與小五兩個兒子的事。弟弟的情緒一來時比較會撒嬌、會討抱，要求也很多；不過，只要爸媽同意了弟弟的要求，哥哥就會很生氣地說：「又來了，為什麼弟弟要求，你們都同意？」

「哥哥，你說這句話，是在生我跟爸爸的氣嗎？」我扮演成媽媽來模擬對話。

「有一點。」我邀請這位媽媽扮演成哥哥。

「氣媽媽什麼呢？」

「規矩就是規矩，講好了，為什麼可以破壞？」

「你會羨慕弟弟嗎？」

「不會啊，只要他有照著你們規定的去做就可以了；但是不要他有別的要求，你們就同意。」

對話的過程中，我透過「傾聽、撥開與需求」三探索方式，思考著哥哥的生氣在追求什麼內在需求呢？聽到最後一句，我猜測是與爸媽之間的「歸屬感」有關。

歸屬感是在追求自己與他人之間的正向關係，我感覺哥哥似乎很在意在爸媽的心中，對於弟弟跟自己的標準不一樣，因而心裡感到不是滋味。換句話說，哥哥無法理解為何在爸媽的管教天平下，他與弟弟有著不同的輕與重。

「哥哥，之前我跟爸爸對你的規定，你都是聽話照做的嗎？」我從過往經驗來做探索。

「嗯。」

「你曾經有過不願意嗎？」

「有。」

「你當時雖然不願意了，但還是聽我們的話去做了。那個時候，你會感到委屈嗎？」

「有。」哥哥說。

聽起來是因為這個過往的委屈，對哥哥的內心產生了傷害，每當看到爸媽妥協了弟弟的要求，哥哥內心的傷口立刻被觸發，然後情緒就產生了。

「你的委屈是什麼，可以跟媽媽說嗎？」我問。

「我覺得你們都不願意聽我說話。」

「是喔，在你的印象中，有發生過我們沒有聽你說話的事嗎？」

「有啊，之前有一次……（描述中）。」

「這件事情，媽媽有印象，沒想到我們的回應讓你委屈了。你現在想到了，還是感到難過嗎？」

「還是會。」

「我知道了，謝謝你告訴我。」爸媽可以上前抱抱孩子。

對話進行到這裡，爸媽也大概知道哥哥的需求是什麼了——哥哥渴望在建立歸屬感的過程中，爸媽可以聽進他說的話，看懂他其實是有內心話想說的，並且希望在鼓起勇氣說出想法後，爸媽是願意接納的。

「哥哥，知道你這麼難過，媽媽很自責，怎麼之前沒有發現到你的委屈呢。原來，你會如此在意弟弟，是因為你以前都不能發表什麼意見，只能照著我們所說的去做，所以，當我們因為弟弟有不同的要求而同意時，你才會這麼生氣，對不對？」

「好的，媽媽知道了，我想跟你說的是，我跟爸爸以前可能比較強勢一些，覺得只要是為了你好，你照做就行了，因此忽略了你的感受，這是我們要調整的地方。你之後有任何的想法或意見，歡迎你告訴我，媽媽一定會願意聽的；即使跟我們的規定不一樣，也沒有關係，相信你有你的理由。所以，請你要試著跟我說，好嗎？」

爸媽先理解孩子的困境，解開過去的心結，再發自內心地做出「同理、連結、陣線」的三表達，相信孩子能感受到爸媽的「關心」、「理解」、「在乎」與「接納」這些充滿愛的良善之意。

第五章

凝聚家庭

家庭的歸屬感

一個家庭是由好幾個家人們組成；當每個家人把自己照顧好了，彼此建立緊密的連結，相信家庭的氛圍也會是很棒的。一個家能夠把所有家人凝聚在一起，肯定為家人們提供了深厚的「歸屬感」。

知名學者也是暢銷書作家布芮尼．布朗（Brené Brown）博士，曾在自己的著作中寫道，「歸屬，是身處於你想待的地方，且那裡的人都想要你」、「歸屬，是因為你的本質而接納你」、「歸屬，是我可以做自己」、「歸屬，不是表現完美、取悅他人才配得到的獎賞，也不是壓抑真心融入群體才能擁有的感受」。

人會喜歡待在家裡，是因為在這個空間裡是感到舒服的、安全的、安心的、自在的。假使孩子很常把自己關在房間裡，甚至鎖了門，爸媽可能要想一想，是什麼原因他需要確保只有自己一個人在房間裡，才能感到安心呢？

歸屬感很深厚的家庭，是每個成員——無論是一個人、兩個人或多個人——在一起皆能夠很自然地互動、展現自己真實的面貌，且被所有人關心。個人不會被比較、不會覺得自己很糟糕；不會有人感到不被重視、不會被強迫跟大家做一樣的事；不會是因為自己夠聽話才有資格在這裡，不會覺得需要努力表現才會被注意到。

歸屬感讓一個人發自內心地認知到：我是這個家的一份子，不用刻意偽裝才能融入。

凝聚家的歸屬感

先前有提到「幸福感」的瞬間，來自於與親近之人的真摯互動。出國、出遊固然很棒，不過，最棒的幸福是每天在家中發生的。

家中通常會有一個全家人很自然聚集在一起的地點，比方說客廳的沙發、餐桌，或是某人的房間。

大家在這個地方很有默契地找到自己的位置，天南地北地什麼都聊；每個人都能講到話、發表意見，不會只有聽一個人高談闊論。那份凝聚在一起的舒服與自在，甚至會讓大家都捨不得離開。

在我們家，吃飯時的餐桌就是大家固定聚在一起聊天的地方。不拿手機、不開電視，只有用說話來配飯，講著當天發生的事情，天南地北地什麼都聊，還會搭配著全部人的笑聲。

假日的晚上，除了外出或是要準備考試的日子，一家人會很自然地聚集在客廳，看部電影、玩個桌遊、彼此分享著觀點與心事，享受與家人的互動——

搞笑、講冷笑話，都是專屬於我們一家人的默契。

不過，這些看似自然發生的場景，是刻意為之的。

家人相聚時的正向氛圍

習慣，是從小地方就有意識地營造。

與家人吃飯時不使用任何 3C 產品，是我從與老婆結婚後、還只有兩人世界時，就已經是如此了。當兒子出生了，我們也不會拿任何的 3C 來引誘他乖乖吃飯，而是盡量與他邊吃邊互動。

兒子跟女兒長大後，我很重視在餐桌上聊的話題。「不讓餐桌變戰場」，假使孩子在吃飯時不想談功課、考試與成績，那就不談，只聊彼此想聊的事，開心的、八卦的、抱怨的、有興趣的，營造家人相聚時的正向氛圍。**因為，在大腦的迴路裡，當我們在做一件事情時，假使內在湧出的是正向感受，在往後會更加樂意再次嘗試。**

從小就是如此地相處，長大更是習慣如此地互動。

假使家裡有事需要大家一起討論，我們也會找合適的時間，全家一起坐下來，各自表達自己的想法。我會陳述自己的意見，聆聽老婆與孩子的想法，再共同討論出共識，這是平等對待與尊重每個人的展現。

另外，「車是家的延伸」。開車時，我鮮少說教或制定特殊的車上規矩，而是與家人一起聊天與分享，或是一起聽歌、唱歌——從孩子還小時喜歡聽的兒歌、兒童舞台劇原聲帶、故事CD等，到他們長大了，開始聽美國或韓國的歌曲；我很樂意吸收新的音樂，藉此了解他們新生代的流行。我們也曾在車上玩過「蘿蔔蹲」與「數字終極密碼」等用講話就能玩的遊戲呢！

無論孩子年紀多大，讓他們與爸媽的相處，總是如此地自在又開心。

3C也可以是凝聚家人的工具

長期追蹤我的粉專的粉絲或是讀過我的書的讀者，應該知道我對於兒子跟女兒使用3C產品是有約束的。平時孩子用3C打電動、看影片或玩社群的時間都有限制；假使需要額外的時間用3C當作工具，例如做報告、寫程式、找資料、與同學討論等，只要先告知，並說明大概的時間，就可以拿公家的平板與電腦，待在公開的地方（例如客廳）使用。

3C產品是中性的，端看拿在手上的人如何運用。上述的約束是因為使用者依然是個自律能力還未成熟的孩子，一旦他們的自制力增強了，使用3C的自由度也會增加。最終希望他們可以真正成為3C的主人，而不是沉迷於3C，被3C控制。

不過，某些情況下是可以增加3C的使用時間，就是「與家人同樂」的時光。

我們家一個月有一次的Switch（日本任天堂遊戲機）Time，玩的遊戲是全家人能一起玩的；大家一起開賽車比賽、完成闖關任務、舉辦派對遊戲等。每次玩遊戲都笑到不行，讓孩子們都好期待這一天的到來。

除了玩遊戲外，偶爾的假日也會有全家一起觀賞的電影夜。吃完晚餐後，挑選適合全家人的電影，抱著零食、打開音響、關上燈，電影一開始，歡樂的地方一起笑、感動的地方一起哭、恐怖的地方一起叫，又是一個把大家的心都凝聚起來的夜晚。

有時候，看電影的重點不僅是享受一起觀賞的當下，而是看完後的討論。每個人都能發表自己的看法，也能有不同的意見，彼此尊重與接納，讓每個家人都能透過一部電影暢所欲言、交換訊息，同時學習專注傾聽他人的想法。充滿儀式感的場所。等孩子都大一些了，跨年夜還曾舉辦過「電影馬拉松」，共同歡度新的一年，讓看電影成為一種儀式和凝聚全家人的媒介。

3C產品是個工具，可能會使孩子一直低頭、減少與家人的互動，導致親子關係變疏離；但是，它也可以讓親子一起同歡，凝聚全家人的心。

好的溝通，凝聚家人的心

延續上一篇所說的，當我們在做一件事情時，內在湧出的是正向感受，在往後會更加樂意再次嘗試。「溝通」也是如此。爸媽平時與孩子說話的方式，也會影響孩子長大後是否願意與爸媽溝通的意願。

假使爸媽在平常的互動中，自認為只是在開玩笑，卻帶著批評或戲謔的口氣說孩子「你還吃啊？已經這麼胖了」、「你實在是有夠長舌」、「你是班上的啦啦隊喔，專門拉低班上的平均分數」，表面上孩子可能是笑著把話題帶過，沒有什麼反應，或是用開玩笑的方式反嗆回去，但是，表面不在意的人是真的不在意嗎？

孩子在日常生活的對話裡就已經聽到不少負面的詞彙，當遇到爸媽需要介入的教養狀況時，你們認為孩子的防衛機制是否會開啟呢？

所以，即使是與家人的日常互動，說話方式與溝通方法也是需要留意與提醒自己的。這樣刻意為之的舉動，也是能夠改變「慣性傳承」的重要起點。

與家人說話的方式

上大學時，我為了要親近同學，會不自覺地在每一句話的前面加上一個字的語助詞，彷彿說了這個字，我就跟大家是一夥的、是團體中的一份子。後來我才明白，這不是真實的自己，這只是為了融入群體的偽裝。

已經成習慣的說話方式，真的很難改；直到我結婚後，這些語助詞偶爾還是會跑出來。孩子出生了，我不希望被他們聽到而模仿，所以開始有意識地改變，直到現在，已經完全不會說出這些語助詞了。

以往，除非在工作上有需要，我們不太會特地去練習「如何說話」，但是有了家庭後，為了伴侶與孩子，我時常會反問自己下面三個問題。

以孩子當做說話的對象，在溝通時：

- **他會覺得我是願意傾聽、能理解他的人嗎？**
- **他會是喜歡自己、覺得自己很棒的人嗎？**
- **我們的關係變得更加緊密與融洽嗎？**

遇到任何的情況和對象，我皆是以上述三個問題來做衍生，思考著要說出怎麼樣的話語才能讓對方有這些感受。

以孩子不想寫功課來舉例。「今天功課真的好多喔」、「寫功課很煩喔，對不對」、「哇，今天要寫這麼多的生字啊，難怪你會這麼不想寫」、「寫功課最煩的地方，你願意跟媽媽說嗎」，用這些語句讓孩子覺得爸媽是願意傾聽與理解他的人。

「在這麼不想寫的情況下，你還願意堅持寫著，你好棒喔」、「上次錯的題目，你這次答對了耶，我就相信你可以做到」、「我有發現，你今天寫的字比以往更加工整喔，辛苦了」，讓他看到自己的價值，進而喜歡自己。

「我知道你不想寫，爸爸陪你」、「我們努力看看，可否在半個小時內寫完」、「寫功課時，有需要媽媽的地方，要告訴我喔」，讓親子關係能夠更加緊密。

溝通是需要練習的，而練習要有方向，有了方向，在溝通前先想一想，就能擺脫慣性對我們的影響了。

與家人的合作式語句

家庭是由多個家人組成的，我們都是屬於家庭裡的一份子；既然是一份子，在說話時，練習盡量多說「我們」，少用「你」。

以孩子忘記帶功課回家為例。用「你」來說話，句子會是：「你怎麼忘記了呢？不是提醒過你了嗎」、「你自己要想辦法啊」、「你實在是很粗心耶，這次是第幾次了」。

換成說「我們」的合作式語句，講出來的句子會是：「我知道你不是故意的，我們一起來討論看看，要怎麼做你才會記得」、「等一下就要寫功課了，我們來想想有沒有什麼補救的辦法」、「我明白你也不願意，只是已經發生好多次了，我們還是要想一想該如何改善喔」。

用「你」的語句會讓聽的人感覺到被指責、被否定，有一種被孤立的感覺。而且，這種語句過度重視「錯誤」與「犯錯的次數」，彷彿犯錯的人是糟糕的，久而久之，孩子也不太想要把事情告訴爸媽了。

而採取「我們」的合作式語句，並不是要爸媽把孩子的事情往自己身上攬。屬於孩子的責任，依然是要由他負責，但合作式語句**主要是讓孩子感覺到，「爸媽會陪著你，我們一起來面對這個狀況。」**

這樣的表達方式是以「家」為核心，強調家人是一體的，重視的是彼此的連結；面對孩子的錯誤，更重要的是「允許犯錯」與「如何負起責任」。

孩子正值成長學習的階段，沒有太多的經驗值，面對沒有遇過的事情或犯了錯，難免會心慌。此時，有個大人就在孩子的身後，陪著他去面對，賦予他安全感，就能夠安定孩子不安的心，強化歸屬感，同時拉近親子關係。當這樣的經歷次數多了，孩子從中獲得的是正向感受，無論將來發生任何事，孩子都會樂意與爸媽商量。

當然，合作式語句，夫妻之間也通用喔。

家人，給予彼此安定感

當我們被人用很凶的語氣問：「這是誰弄的」，是不是下意識會避免把這個矛頭指向自己呢？「我不知道喔」、「是他，我有看到」、「反正不是我」，這些回應方式，其實是為了保護自己，不要落入被責怪的防衛機制。

又例如，開車帶全家人出遊，因為後座的孩子吵鬧，導致下錯了交流道。此時，大家都不希望自己被認為是有錯的那一個人，於是開啟「攻擊」或「逃避」的防衛機制：「都是你們啦，吵什麼吵」、「你（老婆）為什麼沒有把他們管好，現在下錯交流道啦，都怪你」、「這邊的路我不熟喔，是你們太大聲，我才沒聽到導航的」。

我們必須要先意識到，這樣的回應只是在「找罪魁禍首」的迴圈裡，或許在工作場所很容易發生，但是在家裡，這絕對是破壞關係與情感的原因，因為，指責與批評的言語，是會傷害到家人的心。

我們是有歸屬的群體、這是我們一起擁有的家，遇到狀況了，不落入攻擊與逃避的迴圈裡，而是**在有困難時，扶持彼此；在心慌時，給予安定；在犯錯時，共同面對**。

「開錯路了，沒有人希望這樣，我們來看看怎麼繞回去就好了」、「沒想到這邊的風景也不錯耶，開錯路了，也有意外的驚喜呢」、「沒關係，我們不趕時間，大不了就晚一點到囉，反正只要是跟你們在一起，都是最開心的」。

用正向語言與家人溝通，能夠凝聚全家人的心，提升一個家的歸屬感。

孩子大了，建立親子新關係

某個講座的中場休息時間，有位上了年紀的媽媽來詢問，自己的兒子已經三十多歲了，感覺彼此的關係是疏離的。她該怎麼做，才能夠把關係拉近呢？

我先詢問他們相處的狀況。這位媽媽說，他們分開住，住得不遠，兒子還沒有結婚，大約一個禮拜會回家一次。

知道他們大概的相處模式後，我問她：「有發生過什麼事，讓你覺得跟兒子的關係是疏離的嗎？」這位媽媽說，她跟兒子幾乎無話可講，偶爾會講生活瑣事，不過經常講一講就吵架。兒子還說，如果可以的話，他根本不想回家。

我問：「你們最常吵的是什麼事呢？」這位媽媽說：「因為兒子從小身體就不好，醫師也說不能太操勞，所以每次看到他又晚睡，吃不營養的東西，就會開始唸。然後，他不喜歡聽，就會回嘴，最後就變成母子吵架了。」

「媽媽，他已經三十歲了，你還放心不下啊？這樣你會很累耶。你願意讓他為自己的健康負責嗎？」我說。

「我也不想這樣啊，但是……難道就不要管他嗎？」這位媽媽說。

「當然，孩子不管多大了，他都是我們的孩子。只是，**我們可以表達愛，但不用讓愛成為了壓力，畢竟，他已經是成人了。**」

這位媽媽聽不明白，於是，我邀請她試著以孩子的角度來聽聽看，兩種說話方式的不同。

第一種是跟孩子說：「哎喲，你又再亂吃東西啦。我不是跟你說過了嗎？你的身體不好，要吃有營養的，你喔，怎麼都講不聽呢？還有，是不是昨天又熬夜了？就跟你說熬夜傷身體，你都幾歲的人啦，幹麼什麼事情都還要我提醒呢！」

這位媽媽聽完，笑了一下說：「我好像都是這麼跟孩子說話的。也可能是因為這樣，兒子都會嫌我煩。」

我接著用第二種的方式說：「兒子，你每個禮拜回來，媽媽好開心喔。」停頓了一下，再接著說：「兒子，媽媽看到你買了不營養的東西回來吃，聽到你又熬夜了，內心不免還是有些擔心，擔心會不會對你的健康造成影響。不過，你已經三十多歲了，相信是有分寸的，所以，我也很開心你願意讓我知道。媽媽呢，希望你能夠多照顧自己的身體，多愛自己一些。」

假使孩子還願意繼續聽的話，還可以說：「你知道嗎？你能夠平安、健康地長大，對我而言，就是最棒的幸福了。」

我問這位媽媽，聽了第二種方式的感受是什麼？她說：「很溫暖，沒有壓力，有感受到愛。」

其實，我很欽佩這位媽媽，在孩子已經成年、沒有孫子的情況下，居然會願意來聽親子講座，相信她是有意識地在觀察自己跟兒子的關係。有意識且願意改變的爸媽，無論多少歲數了，真的是最棒的。

與孩子的新關係

當孩子漸漸長大，從幼兒期、青春期到成年，爸媽與他的相對位置，是需要調整與改變的。

孩子剛出生，把爸媽視為他的全世界，希望爸媽陪他玩、聽他說話。長大了，孩子開始往外探索，可以自己出門不用爸媽陪，也交了新朋友，重視朋友遠大於爸媽，有些事情反而是先跟朋友分享；說不定，之後爸媽要跟孩子吃飯，還要先預約時間呢。

孩子的重心轉移，爸媽可能會感到失落，但也需要接受，因為，這是孩子成長和獨立的必經過程。孩子正從我們替他打造的安全堡壘，逐漸地往外走去，帶著充沛的內在能力，邁向自己的未來、打造自己的家。假使我們還是把孩子緊緊抓著不放，只會把他越推越遠。

我有位伯父，年輕時把時間放在打拚事業，等賺到一些錢後想要回家享受天倫之樂，卻發現孩子長大了、有了自己的家庭，無法在自己的身旁。他時常感嘆子孫不孝，還會用金錢攻勢希望孩子能夠多回來看他。我想，這樣的做法應該來自於想要填補內心的遺憾吧。

孩子從嬰兒、幼兒、兒童、青少年，直到長大成人，在每個成長階段，爸媽要越來越把他視為「獨立的個體」來看待；也就是隨著他的自律能力越來越好，爸媽的管教就要越來越少，對他的信任與放手要越來越多。

青少年或成年的孩子最不喜歡的是「爸媽依然把我當成小朋友」，所以，爸媽可以把時間拉長、觀察孩子久一點，不用著急地認為孩子沒有爸媽就無法為自己負責；這是爸媽需要調整自己、與孩子搭建的新關係。

前面有提到，我兒子在國中時帶著備用手機出門，會隨時傳訊息給我和老婆，告訴我們他在哪裡。同時，我也跟老婆互相提醒著，兒子跟同學出門，應該要著重在當下的人際互動，用不著花太多時間在回覆我們的訊息。所以，當我們看到兒子的訊息，只是簡單地回應，沒有多寫什麼，讓他把心思放在外面的世界。我相信，只要我們的關係夠緊密，他回到家會主動跟我們分享的。

在外面，有他的世界要闖；在家裡，我們就是他的充電站。

當然，在爸媽的心中，無論孩子多大了，永遠都是自己的孩子，擔心是不會減少的；只是，爸媽的擔心不用成為孩子的壓力。爸媽只需要好好地表達自己的感受，在言語中帶著關心與溫度，以及讓孩子知道，爸媽是尊重與相信他的——其實，這也是相信自己，**相信我們辛苦用心養育十多年的孩子，他一定可以獨自面對外面的世界。**

此時，爸媽唯一要做的，就是讓孩子知道：家是孩子永遠的避風港，爸爸跟媽媽永遠會在他的身後，無條件地愛他與支持他。

孩子大了，爸媽要做的調整

青春期的孩子，正在為了離巢而做準備，所以爸媽可以同步在心態上和生活安排上做一些調整。

找回自己的生活主軸

當孩子還小，爸媽需要替他處理許多事；當孩子長大了、有能力了，爸媽需要放手讓他自己嘗試。這也表示，爸媽會多出一些時間跟力氣，可以回歸到自己身上。

以往爸媽的生活主軸可能是放在孩子身上，現在可以多關心自己的需求，思考屬於自己的生活；嘗試去做喜歡的、想做的、讓自己開心的事。

孩子的未來要靠他自己去體驗，當他不再需要依賴爸媽時，也是爸媽重拾自己的未來的時刻。

假使孩子長大了，他依然強烈地感受到自己是爸媽生活的主軸，彷彿爸媽把一切的希望都寄託在孩子身上，這種扛著其他人的期待往前走的感受，是相當有壓力的。

過去，爸媽們給予孩子很多的愛，現在，多給自己一些愛吧。

把重心放在與伴侶的相處上

孩子大了，許多時候家裡只剩下自己與伴侶了。以往聊天時的話題可能都是孩子，現在可以多聊聊彼此，談談兩人的未來；規劃夫妻倆的約會，一起品嚐彼此都想吃的美食，可以偶爾不用考慮孩子。

邀請伴侶去做自己喜歡的事，也可以陪著伴侶去做他喜歡的事。畢竟，與我們攜手共度一生的是伴侶，不是孩子；既然要共度一生，彼此的連結是否夠緊密，就是關鍵了。

要增強夫妻間的連結度，讓對方感受到「我是重視你的」、「我對你的一切是有興趣的」就相當重要了。營造夫妻單獨相處的時光、專心聆聽對方說話、好奇伴侶所遭遇的一切，進而擁有聊不完的共同話題，這些是能夠牽手走一輩子的重要元素。

拉近關係，不靠情緒勒索

爸媽有時候會希望孩子能多待在家、一起吃個飯，但當孩子有了自己的生活圈，平時滑手機聊天、假日跟朋友相約外出，爸媽會感到自己在孩子心中的排序被往後挪了，內心就會難過、會失落。於是，爸媽可能會用一些方法來拉近與孩子的距離，像是約孩子去他喜歡的餐廳吃飯、邀約孩子從事他熱愛的活動等。不過，無論爸媽再怎麼希望拉攏孩子，也不要用情緒勒索的方式。

情緒勒索的言語，就是「用『愛』與『關係』去要求，讓對方產生罪惡感、恐懼感、愧疚感，企圖滿足自我的目的」。例如，「我這麼辛苦地把你養大，結果你現在都不在家」、「我為你付出這麼多，現在連要跟你吃個飯，你都不願意喔」、「姊姊都在家陪我，這才是媽媽的好孩子，哪像你，一天到晚外出」。

當爸媽的肯定會對孩子有期待，只是，這份期待不應該是帶著指責或試圖引起愧疚感，把親子之間的愛，變成滿足爸媽期待的條件與手段了。

爸媽要有意識地覺察到，這些言語實質上是在綁架孩子。請讓親子雙方的愛，回到最純粹且無條件的狀態吧。

好奇新事物，不給批評

孩子大了，肯定會從同儕間吸收到新的流行事物。假使爸媽聽到孩子在分享新事物時，很快地做出批評或排斥的行為，例如說「這個我不懂」、「這個沒有意義，對讀書有幫助嗎」，這樣只會讓孩子停止跟爸媽分享互動。

無論是電玩、偶像、歌曲、YouTube、TikTok等話題，爸媽不懂沒有關係，可以先做到不給負面評價、單純接收訊息就好。

假使爸媽樂意再進一步了解，可以懷著好奇心去網路搜尋一下，多了解孩子的喜好。當孩子感覺到爸媽是願意吸收新事物的，他會很喜歡與爸媽分享許多新鮮話題。

有需要時，與孩子和解吧

孩子大了，意識到自己與爸媽可以處於平等的位置，可能會在某些情境下，鼓起勇氣說出過往不好的感受，像是「你之前都比較疼弟弟」、「我那個時候都覺得你是不理解我的」、「我還記得你罵過我什麼耶」。

這時，爸媽可能會覺得被揭開傷疤，有種被指責的感覺，然後用辯解的言語來做回應：「誰叫你……」、「當時因為我們忙啊」、「你真的很愛計較耶」，這樣只會讓原本鼓起勇氣的孩子，更加退縮、也更加受傷。

過去的事情無法重新再來一次。其實，孩子會提到過往不好的經驗，不是想要翻舊帳，而是希望爸媽能撫平他的傷口。這時爸媽可以回答：「不好意思喔，原來你當時這麼難過」、「媽媽聽到你說的，也意識到自己之前的不對」、「那次，忽略了你的感受，是我的不好」。

這些和解的話，是藥膏，能讓傷口癒合；雖然疤痕還在，但是，血已止住。慢慢地，孩子心中的糾結會變少，對孩子未來的影響會逐漸變小，親子的關係也會更加靠近。

享受當爸媽的旅程

成為爸媽的這段旅程，是漫長的、是辛苦的；我們帶著許多期許，同時也有著許多挫折。不一定會有成就感，有時，連價值感也可能沒有，一路跌跌撞撞，努力學習。付出了，卻不一定會有好結果，導致心很累。不時還會有沮喪與懊惱的心情，覺得自己做得不夠好。更會自責孩子表現不好，是不是自己沒有盡到當爸媽的責任，給自己過多的壓力，喘不過氣來。

或許成為爸媽後，責任與負擔會變重，可是有了孩子的幸福感、被孩子擁抱的親暱感，彷彿內心的缺角被填補而感到滿足，真的是前所未有的快樂。那種被一個人依賴著、需要著，「我是他的全世界」的感覺，讓我明白何謂「為了孩子，願意付出一切我所擁有的，也在所不惜。」

為了孩子，我變得勇敢；

為了孩子，我更加了解自己；
為了孩子，我願意改變；
為了孩子，我覺得犧牲是值得的；
為了孩子，我也跟著成為了一個更好的人。

只是，孩子總有一天會長大，會離開我們；為孩子的付出，總有畫下休止符的一刻。給予孩子無條件的愛，是心甘情願的，是不求任何回報的。遠遠地看著他的背影，揮揮手，望著他離去，只要他幸福、健康、快樂，我們也會感到幸福與快樂——這就是爸媽啊。

所以，親愛的爸媽們，享受吧。

享受當下與孩子相處的每一刻；享受成為爸媽的這段旅程；享受孩子還膩在我們身旁的時刻；享受與孩子聊天與對話的時光。時間一過，這些就會成了追憶，是一種看著照片都會露出淺淺微笑的甜蜜。

爸媽們，放心。雖然孩子大了、走遠了，只要我們跟孩子之間的關係是緊密的、是深厚的、是扎實的，他的心中永遠都會有一塊專屬於我們的位置；他會因為對我們的思念，三不五時地聯繫我們與捎來關心。

這份思念，來自於他從出生到長大成人的過程中，我們與他相處的、一點一滴累積起來的所有美好時光。

我們把心用在哪裡，孩子的回憶就在那裡。

家庭與生活 092

對話中讓孩子感受愛

連結孩子內心渴望，做個有溫度的父母

作　　者｜澤爸（魏瑋志）
責任編輯｜謝采芳、許嘉諾（特約）
編輯協力｜王雅薇
校　　對｜魏秋綢
封面、版型設計｜周家瑤
內頁排版｜中原造像股份有限公司
行銷企劃｜林思妤

天下雜誌群創辦人｜殷允芃
董事長兼執行長｜何琦瑜
媒體產品事業群
總 經 理｜游玉雪
副總經理｜林彥傑
總　　監｜李佩芬
行銷總監｜林育菁
版權主任｜何晨瑋、黃微真

出 版 者｜親子天下股份有限公司
地　　址｜台北市 104 建國北路一段 96 號 4 樓
電　　話｜（02）2509-2800　傳真｜（02）2509-2462
網　　址｜ www.parenting.com.tw
讀者服務專線｜（02）2662-0332　週一～週五 09:00~17:30
讀者服務傳真｜（02）2662-6048
客服信箱｜ parenting@cw.com.tw

法律顧問｜台英國際商務法律事務所・羅明通律師
製版印刷｜中原造像股份有限公司
總 經 銷｜大和圖書有限公司　電話｜(02）8990-2588

出版日期｜ 2023 年 9 月第一版第一次印行
定　　價｜ 420 元
書　　號｜ BKEEF092P
ISBN ｜ 978-626-305-562-9（平裝）

訂購服務
親子天下 Shopping ｜ shopping.parenting.com.tw
海外・大量訂購｜ parenting@cw.com.tw
書香花園｜台北市建國北路二段 6 巷 11 號　電話｜ (02）2506-1635
劃撥帳號｜ 50331356 親子天下股份有限公司

國家圖書館出版品預行編目（CIP）資料

對話中讓孩子感受愛：連結孩子內心渴望，做個有溫度的父母／澤爸（魏瑋志）著 . -- 第一版 . -- 臺北市：親子天下股份有限公司，2023.09
320 面；14.8x21 公分 . --（家庭與生活；92）
ISBN 978-626-305-562-9（平裝）

1. CST：親職教育 2. CST：育兒 3. CST：親子溝通

528.2　　112012863